Le français actif 1

Approches

Textbook

by

Volker Borbein
Jean Laubépin
Marie-Louise Parizet

English version by

Carol P. James and
Charles J. James

Langenscheidt

Berlin · München · Wien · Zürich

LE FRANÇAIS ACTIF 1, Approches

Textbook	29 800	Cassette 1 A:	Dialogs and listening passages to accompany textbook 29 803
Workbook	29 801	Cassette 1 B:	Exercises and listening passages to accompany workbook 29 804
Teacher's manual	29 802		

With contributions from Catherine Benoit-Wagner

The editors and publisher wish to thank the following persons for their valuable suggestions: Y. Achard-Beyle, A. Alet, I. Altenhuber-Sallaberger, H.-J. Frommer, A.-M. Heyraud, A. Mura, A. Schneider and H. Tielsch.

Layout: Sabine Kaske

Design and illustrations: Theo Scherling

Additional illustrations: p. 42, 88 above, 90 above, 95, 96, 97, 98, 103 above, 122: Sabine Kaske; p. 20, 32: Wilfried Poll; map p. 42: A. Milch; design p. 85: Hago Ziegler

Cover design: grafikdienst Arthur Wehner

Photography: Ingeborg Wullweber

Additional photography: Tourist Office of France, Francfort: p. 31 (Grenoble and La Rochelle); Anthony-Verlag Starnberg: p. 29 (Jogschies), 49 (Schmied), 63 (Drews), 105 (Bertrand, Nilson); Bavaria-Verlag Gauting: p. 63 (Rihse), 105 (Teuffen); Volker Borbein: p. 23, 24; Horst v. Irmer: p. 49 (Finistère); Süddeutscher Verlag München: p. 30, 31 (Strasbourg and Marseille), 48, 78, 95, 113, 120, 123, 124; SIPA-Press: p. 107.

Printing:	5.	4.	3.	2.	1.	Last figures
Year:	1992	91	90	89	88	applicable

Foreword

LE FRANÇAIS ACTIF is a modern textbook written for beginners, which aims to teach communicative skills in French.

The authors are teachers of French in Paris; they have field-tested the course material in France and abroad.
The materials in each of the three volumes consist of a textbook, a workbook, a teacher's manual, a cassette with the dialogs and other assignments from the textbook, a cassette for the workbook, and an answer key.

The selection of topics and texts addresses the experiences of students over the age of 16 and is based on the relevance to a potential visit to France. The situations are designed to give students authentic communication within the classroom setting.

The grammatical structures are integrated into each lesson according to their function. Students are encouraged to develop their ability to discover for themselves interrelations among the various parts of the language. They are asked to observe the language at work and to draw their own conclusions and formulate their own rules concerning grammatical usage in response to directed questions. As an aid to learning the grammar, a presentation of the major structural elements is appended to the textbook.

The exercises in the workbook are coordinated with the textbook. The structural and reinforcement exercises are especially designed for work outside the classroom.

Substantial visual material has been integrated into the pedagogical framework of the book.

Each lesson consists of the following five parts:

«Vous le savez déjà»: In the first phase students are taught to recognize what they already know and can work with. They should develop the habit of using their powers of observation and their previous skills and experiences instead of giving up and asking the teacher when they meet unknown oral or written expressions. These tasks prepare students for the material in the given lesson.

«On dit»: Here students are taught to deal with communicative situations and the language forms used in them in the forms of dialogs. They learn to recognize the words and structures, as well as the intonation, which serve particular language tasks.

«Vous dites»: The language material already familiar to students is recycled in slightly modified communicative situations. The comprehension of the dialogs is no longer difficult. It is more important to try out the various forms than to worry about individual elements in a situation. Students learn to comprehend and master the mechanics of the French language. These are the first guided steps in the use of the material learned.

«Retenez bien»: The work with dialogs leads students to discover the regularities in the French language, which they are now expected to deal with consciously. With the help of the tables and charts, students can summarize their observations and conclusions in a kind of individualized grammar.

«Un pas de plus»: Students are confronted with new, unknown situations and can measure their progress by how much they have mastered. This should lead them one step farther towards becoming independent in the target language.

Contents

4

Topics	Speech Intention	Grammatical Structures
clothes	asking for description/opinions asking what someone likes/giving one's own opinion pointing things out expressing surprise/amazement	adjectives: *grand, petit, bon, beau* color adjectives *connaître: je/tu/vous* *voilà*

6 C'est à qui alors?

people's appearance/characteristics occupations and professions descriptions of things	inquiring about ownership describing people	questions with *est-ce que?* *A qui est-ce?* *c'est à . . .* prepositions: *à, de* *il/elle a l'air . . .* stressed personal pronouns: *eux, elles* definite articles: *le, la, l', les* possessive adjective: *mon* adverb of place: *là-bas*

7 C'est l'heure!

plans and appointments	inquiring about someone's plans asking for/giving times and dates referring to objects telling someone to do something expressing surprise expressing regret expressing suppositions	*quel, quelle, quels, quelles* *Quelle heure est-il?* *C'est quel jour?* *Il est quelle heure?* *quand?* *ce, cet, cette, ces* *partir* (present) names of the month dates, times of the day numbers 21–61

8 Nous allons où cette année?

clothes
geography of France
planning one's vacation
	asking/answering questions on where
	  someone/one is going
	referring to people/things
	asking for/making/accepting suggestions
	giving times and dates
	stating people's ages
	expressing ownership
	expressing emotions: satisfaction,
	  uncertainty, indecision, agreement,
	  preference
		personal pronouns with *voilà:*
		le/la/les voilà
		possessive adjectives
		times of the day: *à midi, ce soir*
		prepositions used with names of
		countries: *au, aux, en*
		imperative: *prenez/prends*
		allez/va, voyagez
		préférer: je, nous
		avoir (present)
		numbers 60–100, 1000

9 De la boulangerie au supermarché

shops and shopping
daily life
	asking/telling someone to do something
	making suggestions/inviting someone out
	turning an invitation down/explaining
	  the reason/making/accepting an
	  alternative suggestion
		reflexive verbs: (present):
		se dépêcher, s'habiller, se laver
		imperative of reflexive verbs
		venir (present)
		prepositions *à/de* + definite article

Topics	Speech Intention	Grammatical Structures

16 S'il vous plaît!

giving directions road signs post office: phoning abroad telegrams railroad station: finding out train times the interior of a house	asking whether one can/may do certain things asking for help offering help pointing out a mistake/ reacting to having a mistake pointed out	*pouvoir* + infinitive pronouns used as indirect objects (form and position in the present and perfect)

17 Bien manger

food and drink eating habits a recipe	giving advice ordering things in shops expressing importance *faire ...*	pronouns as direct/indirect objects in the negative imperative: *Ne les attendez pas! Ne lui téléphone pas!* demonstrative pronouns: *ce/cette/ ces/cet* (revision) *vouloir* + infinitive: *Je veux leur faire ...*

18 On attend des invités

leisure activities planning one's vacation foreigners in France	making suggestions agreeing/disagreeing asking about preferences saying what one likes doing/ would like to do making reproaches	adverbial pronoun *y*: *Nous y allons; J'y pense aimer faire qch., avoir envie de faire qch.* sentences with 2 object pronouns: *Tu le lui as dit?*

19 Bon anniversaire!

birthdays presents celebrations and public holidays in France sports in France	expressing doubt/suppositions expressing feelings (hope, dis- appointment, regret) stipulating conditions passing on good wishes	*si* + main clause in the present/ imperative/future (futur proche) futur proche (review)

20 La pluie et le beau temps

television, television program video recorder weather vacations	asking about someone's vacation/ reporting on one's own vacation stating purpose/usefulness stating times substantiating one's opinion	*si − quand pour* + infinitive *quand* (conjunction) *parce que* (conjunction) *penser* + infinitive

Vous vous appelez...?

| compagnie n. vol | destination | horaires | enreg. | embarquement |
| flight | to | schedule | check-in | boarding horaire | gate porte |

AF 565 MADRID 13.40 13.20
IT 5866 C D GAULLE 14.25 CD 13.50
AF-SR 1765 GENEVE 14.35 14.15
IT 6548 ORLY OUEST 15.45 CD 15.25
5715 CARCASSONNE 16.50 G 16.30

A Vous le savez déjà – *You know this already*

Ecoutez et cochez les noms entendus.
Listen and check the names you hear.

1.

Monsieur Sarment	
Madame Bonsergent	
Monsieur Bontemps	

3.

Madame Marty	
Mademoiselle Smith	
Monsieur Schott	

2.

Madame Bach	
Mademoiselle Baker	
Madame Greenberg	

4.

Monsieur Innocenti	
Mademoiselle Inoguchi	
Monsieur Santi	

C Vous dites – *You say*

Ecoutez tous les dialogues.
Listen to all the dialogs.

1

● Vous êtes Madame Dupuy?
○ Pardon?
● Madame Dupuy?
○ Oui, c'est moi.

2

● C'est Françoise Dupuy?
○ Mais non, c'est Anne.
  Elle s'appelle Anne Dupuy.

3

● Tu t'appelles Michel?
○ Oui, Michel Durand.

4

● Ton nom, s'il te plaît?
○ Jean.
● Il s'appelle Jean.

5

● Gaston Vilard, c'est vous?
○ Non, je m'appelle Georges Muller. Et vous?

Je m'appelle Coco!

D Retenez bien – *Learn this well*

1 asking for names / giving names

Vous êtes Madame Dupuy?	– Oui, je suis Madame Dupuy.
Jacques Parent, c'est votre nom?	– Oui, c'est ça.
c'est vous?	– c'est moi.
Vous vous appelez Vilard?	– Oui, je m'appelle Vilard.
Tu es Pierre?	– Non, je suis Jacques.
Jacques, c'est ton nom?	– Oui, c'est ça.
c'est toi?	– c'est moi.
Tu t'appelles Jacqueline?	– Non, je m'appelle Françoise.
C'est Monsieur Parent?	– Oui, c'est Monsieur Parent.
	– (c'est lui)
Il s'appelle Vilard?	– Non, il s'appelle Muller.
Elle s'appelle Françoise?	– Oui, elle s'appelle Françoise.
	(c'est elle)

2 The alphabet

A [a]	B [be]	C [se]	D [de]	E [ə]	F [ɛf]	G [ʒe]	H [aʃ]	I [i]	J [ʒi]	K [ka]	L [ɛl]	M [ɛm]
N [ɛn]	O [o]	P [pe]	Q [ky]	R [ɛr]	S [ɛs]	T [te]	U [y]	V [ve]	W [dublə ve]	X [iks]	Y [i grɛk]	Z [zɛd]

accent aigu: René

accent circonflexe: Benoît

c cédille: Françoise

accent grave: Hélène

trait d'union: Marie-Claire

tréma: Joël

E   Un pas de plus – *The next step*

1

A votre avis, que disent-ils?
What do you think they are saying?

2

Ecoutez et notez le nom.
Listen and spell out the names.

    – Vous vous appelez comment?
    – . . .
    – Comment s'écrit votre nom?

a) –

    – Et votre prénom?

    –

    – Merci.

b) –

    – Et votre prénom?

    –

c)   Et **votre** nom?

A   Vous le savez déjà – *You know this already*

1

Cochez les salutations françaises.
Check which greetings are French and which are not.

	1	2	3	4	5	6	7	8
français								
pas français								

2

Combien de personnes s'adressent à combien d'autres?
Cochez les situations présentées.

How many persons are talking with how many others in each dialog? Check the box that corresponds to each of the six situations.

1				
2				
3				
4				
5				
6				

B   On dit – *We say*

1

● Bonjour, Monsieur.

○ Bonjour, Mademoiselle Lemoine.
Prenez une lettre, s'il vous plaît.

2

● Bonsoir, Monsieur Lambert!
  Alors, comment allez-vous aujourd'hui?
○ Bonsoir, Simone. Ça va très bien, merci.

3

● Tiens! Salut, Paul!
○ Jacques, salut! Ça va?
● Bof, ça va, merci. Et toi?
○ Bien. Ah! Voilà mon bus. Salut!
● A bientôt!

4

● Monsieur Lefort, comment ça va?
○ Pas mal, merci. Et vous?
● Ça va. Ah, voilà Chantal.
  Au revoir, Monsieur Lefort.

5

● Allô, c'est le 05-16-14?
○ Non, je regrette, Madame.
● Comment, ce n'est pas le 05-16-14?
○ Non, désolé, Madame.
● Oh, excusez-moi, Monsieur.

C Vous dites – *You say*

1

● Bonjour!
○ Bonjour, Madame!

2

● Bonsoir, comment allez-vous?
○ Très bien, merci. Et vous? Comment ça va?
● Ça va, ça va...

3

● Comment vas-tu?
○ Je vais bien, merci. Et toi?
● Ça va.

4

● Tu vas bien?
○ Bof, ça va. Et toi?
● Très bien, merci.

5

● Voilà Martine.
○ Ah, oui! Excusez-moi, au revoir!

6

● C'est le 05-16-14?
○ Non, je regrette, c'est le 11-17-19.

D Retenez bien – *Learn this well*

1 Asking how people are and replying appropriately.

Comment	allez-vous? vas-tu? ça va?	– Je vais très bien, merci. – Ça va.		
	Tu vas bien? Ça va?	– Pas mal, merci.	Et	vous? toi?

2 Numbers from 0 to 20

0 zéro	[zero]	6 six	[sis]	11 onze	[õz]	16 seize	[sɛz]
1 un, une	[ɛ̃,yn]	7 sept	[sɛt]	12 douze	[duz]	17 dix-sept	[disɛt]
2 deux	[dø]	8 huit	[ɥit]	13 treize	[trɛz]	18 dix-huit	[dizɥit]
3 trois	[trwa]	9 neuf	[nœf]	14 quatorze	[katərz]	19 dix-neuf	[diznœf]
4 quatre	[katr]	10 dix	[dis]	15 quinze	[kɛ̃z]	20 vingt	[vɛ̃]
5 cinq	[sɛ̃k]						

E   Un pas de plus – *The next step*

a)

Quel dialogue correspond à quelle partie de l'image?

Which dialog corresponds to which conversation in the picture?

b)

Dans les situations A et B, que dites-vous?

What would you say in situations A and B?

Vous parlez français?

A   Vous le savez déjà – *You know this already*

**Marquez sur les plaques les numéros des
dialogues correspondants.**

*Mark the appropriate abbreviation of
the country with the number of the
corresponding dialog.*

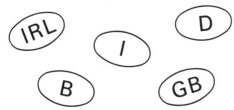
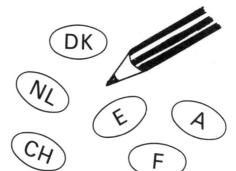

A	=	Austria
B	=	Belgium
CH	=	Switzerland
D	=	Federal Republic of Germany
DK	=	Denmark
E	=	Spain
F	=	France
GB	=	Great Britain
I	=	Italy
IRL	=	Ireland
NL	=	The Netherlands

B   On dit – *We say*

C Vous dites – *You say*

1

2

– Salut, Brigitte.
  Christine est là?
– Non, elle est chez Anne.
– Ah bon. Merci. Alors, salut!

3

– Paul est français?
– Non, il est étranger, il est canadien.
– Et Jack?
– Il est américain.
– Et . . . Mireille, elle est française ou étrangère?
– Etrangère. Elle est belge.

4

– Alors, qu'est-ce que tu fais en France? Tu travailles?
– Je suis étudiant.
– Tu parles bien français!
– Merci.

D   Retenez bien – *Learn this well*

1   Indicating nationality

		1			2
Elle Il	est	française français	anglaise anglais	japonaise japonais	allemande allemand

		3		4	
Elle Il	est	américaine américain	italienne italien	autrichienne autrichien	

		5		6	
Elle Il	est	belge belge	russe russe	espagnole espagnol	

Elles sont canadiennes. Ils sont allemands.	Nous sommes français. Vous êtes suisses?

Je suis français.

1.) What do you notice about the spelling of the feminine forms?
2.) What difference do you hear between the pronunciation of the feminine and masculine forms?
3.) How are plurals indicated in the spelling?

2 Asking about someone's occupation, profession, language

Qu'est-ce que	**vous faites** **tu fais**	à Paris?	**Vous** **Tu**	**travaillez?** **travailles?**
Qu'est-ce qu'	**il** **elle** **fait**	en France?	**Il** **Elle**	**travaille?**
Qu'est-ce qu'	**ils** **elles** **font?**		**Ils** **Elles**	**travaillent!**
	Nous faisons	une excursion.	**Nous**	**travaillons.**

Moi,	je	parle	**allemand.**
	Tu	parl**es**	**français?**
	Il Elle	parle	**espagnol.**
Vous,	Nous vous	parl**ons** parl**ez**	**allemand** et **anglais.** bien.
	Ils Elles	parl**ent**	bien **français.**

Which verb forms have the same pronunciation?

3 Getting someone's attention

Monsieur/Madame/Mademoiselle, s'il vous plaît!

E   Un pas de plus – *The next step*

1

Ecrivez sous les symboles les professions que vous trouvez dans les annonces.

Write under each picture the corresponding profession you find in the advertisements.

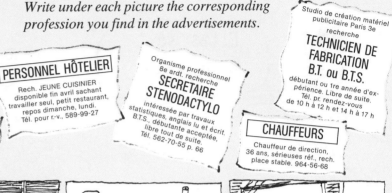

Impte Société cherche
EMPLOYE ADMINISTRATIF

Studio de création matériel publicitaire Paris 3e recherche
TECHNICIEN DE FABRICATION B.T. ou B.T.S.
débutant ou 1re année d'expérience. Libre de suite.
Tél. pr. rendez-vous de 10 h à 12 h et 14 h à 17 h

1 EMPLOYEE ADMINISTRATIVE
STENODACTYLO
pour assistance service du personnel Standard heures déjeuner et fin après-midi.
Horaires 9 h 30 – 18 h 30.
Référence 12.10.

Centre formation Paris 18e
PROFESSEUR
anglais d'origine, motorisé pour adultes en entreprise
Tél. 264-76-24

LABORATOIRE banlieue Sud (Clamart) recherche
LABORANTINES
Qualifiées polyvalentes.
Tél. pour R.V.: 644-32-93

PERSONNEL HÔTELIER
Rech. JEUNE CUISINIER disponible fin avril sachant travailler seul, petit restaurant, repos dimanche, lundi.
Tél. pour r.-v., 589-99-27

Organisme professionnel 8e ardt. recherche
SECRETAIRE STENODACTYLO
intéressée par travaux statistiques, anglais lu et écrit.
B.T.S.: débutante acceptée, libre tout de suite.
Tél. 562-70-55 p. 66

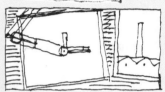

CHAUFFEURS
Chauffeur de direction, 36 ans, sérieuses réf., rech. place stable. 964-56-68

Employée _____

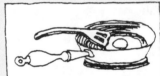

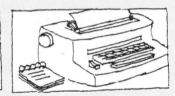

2

Ecoutez les 3 dialogues suivants.

Dans chaque dialogue, il est question d'une personne: son nom, sa nationalité et sa profession. Notez-les.

Listen to the 3 dialogs that follow. For each dialog write down the person's name, nationality and profession.

	NOM	PROFESSION	NATIONALITÉ
1			
2			
3			

3

Et vous, que faites-vous?

And what do you do?

A Vous le savez déjà – *You know this already*

Regardez les inscriptions suivantes. Qu'ont-elles en commun? Que remarquez-vous?

Look at the signs below. What do they have in common?
Does anything strike you?

B On dit – *We say*

C Vous dites – *You say*

1

- Michèle, elle habite où?
- A Dijon.
- Et toi? D'où est-ce que tu es?
- De Metz.

2

- Votre adresse, s'il vous plaît.
- …
- Pardon? Où habitez-vous?
- 12, Boulevard de Grenelle.

3

- Monsieur le directeur n'est pas là?
- Non, je regrette.
- Merci.
- De rien.

4

- Désolé, je suis en retard.
- Mais non…

D Retenez bien – *Learn this well*

1 Negating something

Anne et Rita **ne** sont	**pas** là.
Nous **ne** sommes	**pas** suisses, nous sommes américains.

2 Expressing surprise or amazement

Vous **ne** travaillez	**pas** aujourd'hui?
Tu **ne** vas	**pas** en France?

	Vous	**n'** êtes	**pas** secrétaire?
Toi,	tu	**n'** es	**pas** vendeuse?

Describe the position of the negative expression *ne…pas.* Where is the verb?

3 Asking and saying where one lives, where one comes from:

| Vous habitez | **où?** | – J'habite | rue des Ecoles. |
| Tu habites | | | boulevard Pasteur. |

– Il habite avenue de la Gare.
– Nous habitons place du Marché.
– Ils habitent **(à)** Chinon.
– Elle habite **en** Bretagne.

| Ils sont | **d'où?** | – Ils sont **de** Nice. |
| Vous êtes | | – Nous sommes **de** Francfort. |

D'où est-ce que vous êtes?
Votre adresse, s'il vous plaît?

How are the present tense forms of *-er* verbs written?

4 Contradicting a false supposition:

Ils ne sont pas de Nice?
Vous ne parlez pas français?   – Mais si!
Vous n'êtes pas allemand?

E   Un pas de plus – *The next step*

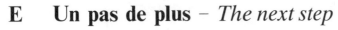

1 Here are some expressions to show whether or not you have understood what someone has said, or if you have not completely understood. (You won't have to memorize them right away; just remember you can find them here.)

1. Having trouble understanding

Vous comprenez?	*Do you understand?*
– Oui, j'ai compris.	*Yes, I understood.*
– Non, je n'ai pas compris.	*No, I didn't understand.*
Comment?/Pardon?	*What? Pardon me?*
Qu'est-ce que vous dites?	*What are you saying?*
Vous parlez trop vite.	*You are speaking too fast.*
– Excusez-moi.	*Excuse me.*
– J'ai dit...	*I said...*

2.   Asking about language

Qu'est-ce que c'est en français ?	*What is that in French?*
– C'est…	*It's…*
Comment ça s'appelle en français ?	*What do you call that in French?*
– Ça s'appelle …	*It's called…*
Qu'est-ce que ça veut dire ?	*What does that mean?*
– Ça veut dire…	*It's means…*
Comment ça s'écrit ?	*How is that spelled?*
– Avec h.	*With an h.*
Ça s'écrit avec ou sans accent aigu ?	*Is that spelled with or without an accent?*
– Avec accent aigu.	*With an accent aigu.*
Comment ça se prononce ?	*How is that pronounced?*
– Ça se prononce…	*It's pronounced…*

3.   Requests

Répétez, s'il vous plaît.	Please repeat.
Parlez plus lentement, s.v.p.	Please speak more slowly.
Regardez !	Look!
Ecoutez !	Listen!
Vous pouvez répéter, s.v.p. ?	Could you please repeat that?

2 Vous voulez en savoir plus sur quelqu'un.
You want to know more about someone.

3 Jeu des familles *(Guessing game)*

Ils s'appellent comment? Complétez d'abord:
What are their names? Guess, using List 2.

1) Je suis de ...
2) Je m'appelle ...
3) J'habite à ...
4) Je suis ...

1. _____   1. _____
2. _____   2. _____
3. _____   3. _____
4. _____   4. _____

1. _____
2. _____
3. _____
4. _____

1. _____
2. _____
3. _____
4. _____

1. _____
2. _____
3. _____
4. _____

1. Ils sont d'où?

Djibouti
Lisbonne
Tunis
Francfort
Milan
Bangkok

2. Ils s'appellent comment?

Karim
Joanna
Ismaël
Sima
Maria
Uwe

3. Ils habitent où?

Paris
Grenoble
Bordeaux
Marseille
Lyon
Poitiers

4. Qu'est-ce qu'ils font?

vendeuse
étudiant
ouvrier
secrétaire
mère de famille
professeur d'allemand

Et maintenant, jouez avec eux au jeu des familles.
Attention: pas un mot d'anglais! Servez-vous des expressions p. 24/25
Now, play along using the expressions on pages 24 and 25.
Not a word of English!

5   Je voudrais un petit rouge.

A   Vous le savez déjà – *You know this already*

Ecoutez et cochez.
Listen and mark the right box for each example.

	1	2	3	4	5	6
deux 🧍🧍						
des 🧍🧍🧍🧍🧍						

B   On dit – *We say*

1

● Monsieur, vous cherchez?
○ Des cartes postales... Voilà, 5 cartes.
● Oui... 15 francs, Monsieur!
○ Oh, elles sont chères!

2

● Paul, à la table 10, qu'est-ce qu'il veut?
○ Un petit rouge!
● Encore?! C'est le cinquième!

3

● C'est Carcassonne?
○ Oui, vous connaissez?
● Ah, je connais bien!
○ Vous aimez?
● Oui, ce n'est pas grand, mais c'est une belle ville!

4

● Et là, ce n'est pas Jean Gabin?
○ Si, il est jeune là.

28

C Vous dites – *You say*

1

● Tiens, bonjour, Marie!
  Qu'est-ce que tu fais là?
○ Je cherche un pantalon. Pas cher.
● Regarde le jaune, là.

2

● Madame?
○ Je voudrais un café-crème, s'il vous plaît.
● Un petit ou un grand?
○ Un petit, s'il vous plaît. Et vous, Etienne? Vous voulez un thé?
▲ Non, pas de thé, un chocolat.

3

● Voilà un beau village!
○ C'est Eze. Vous connaissez?
● Non.
○ Il y a un château et un beau jardin.

D Retenez bien – *Learn this well*

1 Describing things and people

Voilà	une **grande** fille un **grand** garçon		une **petite** ville un **petit** village		une **bonne** choucroute un **bon** hôtel	
	une **belle** robe un **beau** manteau		une robe **chère** un pantalon **cher**			
C'est	une place moderne un hôtel moderne.					
	une jupe un sac	**blanche** **blanc**	**verte** **vert**	**noire** **noir**	**bleue** **bleu**	
	une veste un pull	rouge	rose	beige	marron	jaune

Underline the adjectives which are placed before the noun.
Where are color adjectives placed?
Which adjectives have two different forms but only one pronunciation?

2   Asking whether something is expensive

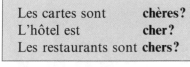

Les cartes sont	**chères?**
L'hôtel est	**cher?**
Les restaurants sont	**chers?**

3   Asking for a description

Vous connaissez **Tu connais**	la maison? Elle est **grande, petite?**

Elle n'est pas **grande,** mais c'est une **belle** maison.

Et le jardin? Il est comment? – Il est **petit,** mais très **beau.**

Regardez, **Regarde,**	c'est le Coq d'Or.	Vous connaissez? Tu connais?

4

Il Elle	**veut**	une carte. un livre.	Ils Elles	**veulent**	des cartes. des livres.

5   Asking what someone wants or is looking for/ answering such inquiries

Tu veux **Vous voulez**	une bière? une eau minérale? un café?	– Non, **pas de** bière, – Non, **pas d'** eau, – Non, **pas de** café,	je voudrais un petit rouge.

Monsieur, Qu'est-ce que	**vous cherchez?** tu veux?	– **Je cherche...** – **Je voudrais...**

E Un pas de plus – *The next step*

D'où est Marius? *Where is Marius from?*

Look at these photos and write in the grid the name of each city
next to its characteristics. Then listen to the tape.
Where does Marius live?

Strasbourg

La Rochelle

Marseille

Grenoble

	La Rochelle	Grenoble	Marseille	Strasbourg
Alpes				
cathédrale				
fortifications				
bord de mer				
ville moderne				

6   C'est à qui alors?

A   Vous le savez déjà

1 Ecoutez et notez les numéros des phrases.
Listen and write in the number that goes with each picture.

2 Regardez et complétez.
Regardez et complétez. *Read the sentences and then fill in the blanks to show what belongs to each person.*

Jacques est pilote.

Jean est footballeur.

Michel est ouvrier.

Paul est étudiant.

Luc est dessinateur.

Richard est musicien.

Robert est chauffeur.

Philippe est mécanicien.

des clés

un ballon

un camion

Ce sont _____ *Les* _____ clés
de _____ *Philippe* _____

C'est _____ *Les* _____ ballon
de _____ *Jean* _____

C'est _____ *Le* _____ camion
de _____ *Les Robert* _____

un crayon

un avion

une trompette

C'est _____ *Le* _____ crayon
de _____ *Paul Luc* _____

C'est _____ *L'* _____ avion
de _____ *Jacques* _____

C'est _____ *La* _____ trompette
de _____ *Richard* _____

une usine

des livres

C'est _____ *L'* _____ usine
de _____ *Michel* _____

Ce sont _____ *Les* _____ livres
de _____ *Paul* _____

B On dit

1

● Ce n'est pas à vous, ça?
○ A moi? Non.
● C'est à qui alors?
○ C'est le briquet de Jean.

2

● C'est le mari de Brigitte.
○ Qu'est-ce qu'il a l'air fatigué!
● Lui? Non, il est toujours comme ça!

3

● Est-ce que tu connais Monsieur Trouvé?
○ Un grand brun, avec des lunettes?
  Oui, oui, très bien! C'est un homme
  très gentil, très sympathique.

C Vous dites

1

● C'est à toi, ça?
○ Non, c'est la moto
  de Catherine.

2

● La sœur de Brigitte?
  Qu'est-ce qu'elle est antipathique!
○ Penses-tu! C'est une chouette fille!

3

● Est-ce que vous connaissez le patron?
○ Non, c'est qui?
● Le petit chauve, là-bas.

D   Retenez bien

1   Asking about people; indicating relationships

Vous connaissez...?
Connaissez-vous...?
Est-ce que vous connaissez...?
C'est qui?
C'est le frère / la sœur de...?

Voilà		**le**	mari		**de**	Madame Berger.
Vous	connaissez	**le**	fils et **la** fille		**de**	Monsieur et Madame Berger?
Tu	connais	**le**	père et **la** mère		**de**	Catherine?
		l'	ami		**d'**	Alain?
		les	enfants		**de**	Monsieur et Madame Berger?

Madame Berger, vous connaissez Monsieur Lauriol?
– Oui, c'est le collègue de mon mari.

2   Asking and indicating what belongs to whom

	À	qui est-ce?
C'est	**à**	qui?

	à	vous?	– Non, ce n'est pas	**à**	nous.
C'est	**à**	toi?	– Non, ce n'est pas	**à**	moi.
La maison est	**à**	eux?	– Non, elle est	**à**	nous.
Le disque est	**à**	vous?	– Non, il n'est pas	**à**	moi. C'est le disque de Jacques.

3   Asking what people look like; stressing certain people

	Regardez	les	sœurs frères	de	Philippe, Sylvie,	elles ils	sont	blondes, blonds	**elles; eux;**
mais	Sylvie, Philippe,	**elle, lui,**	elle il	est	brune, brun,	non?			

Which stressed pronouns do you know already?
What is their purpose?

E   Un pas de plus

1   Trouvez des adjectifs pour décrire une personne et/ou un objet.

Find some adjectives to describe a person and/or a thing.

2   Décrivez la personne et/ou l'objet.

Describe the person and/or the thing in each picture.

C'est l'heure !

A   Vous le savez déjà

1 Quel mois français correspond à quel mois anglais?

décembre	February
mai	September
octobre	December
avril	November
mars	June
février	August
juillet	January
septembre	October
juin	March
janvier	July
novembre	May
août	April

2 Ecoutez les annonces et numérotez les dates.

Listen to the announcements and number the corresponding dates.

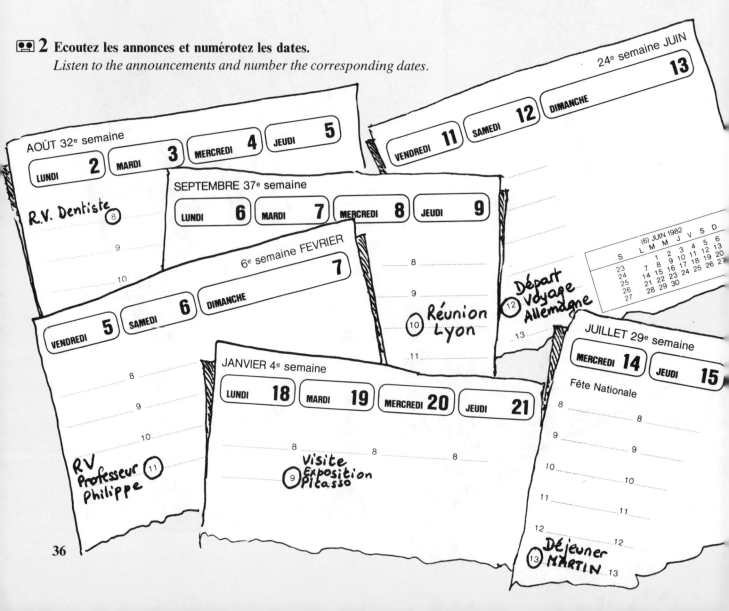

B On dit

1

Mme Soulier: ... Pierre! Pierre! C'est l'heure!
M. Soulier: ... Hm ... Déjà? Mais, quelle heure est-il?
Mme Soulier: Sept heures! Allez, lève-toi vite!

2

«Ce matin tout va bien, circulation fluide sur le périphérique ... Vous avez le temps ... Il est 8 h 35. France Inter vous souhaite une bonne journée»

3

M. Chambon: Tiens, Monsieur Soulier! C'est quel jour, la réunion à Clermont?
M. Soulier: Attendez ... le 21. C'est ça, mardi.
M. Chambon: Pardon? Vous dites?
M. Soulier: Mardi 21 mars.
M. Chambon: Vous avez les billets de train?
M. Soulier: Oui, regardez: nous arrivons à 8 heures et nous partons après la réunion à ... 18 h 24.

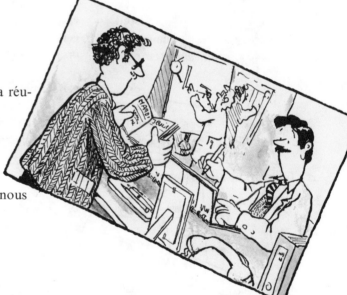

4

Un homme: Excusez-moi, cette place est libre?
M. Soulier: Non, je regrette, c'est la place de Monsieur Chambon.
Un homme: Et ce plateau, il est à qui?
M. Soulier: A moi. Mais regardez, là, c'est libre.

C Vous dites

1

● C'est quelle heure?
○ Neuf heures moins le quart.
● Philippe arrive quand?
○ Aujourd'hui, et il part mercredi.
● Il reste seulement deux jours! C'est dommage!

2

● C'est à qui, cette chemise?
○ Fais voir. A moi.
● Excuse-moi. Et ces chaussettes?
○ A Jacques.
   Dis, Lyon-Nantes, c'est quand le match?
● En novembre, je crois. Oui, c'est ça, le 15 novembre.

D Retenez bien

1 Inquiring about objects

A qui	est	**ce**	livre?	– A Catherine.	Il est	à elle.
	sont	**ces**	livres?		Ils sont	
Vous connaissez		**cet**	hôtel?	– Non. Il est comment?		
		ces	enfants?	– Non, comment s'appellent-ils?		
A qui	est	**cette**	photo?	– A Paul.	Elle est à lui.	
	sont	**ces**	photos?		Elles sont à lui.	
Et à qui	est	**cette**	écharpe?	– A moi.		
	sont	**ces**	écharpes?			

2 Telling time and giving the date

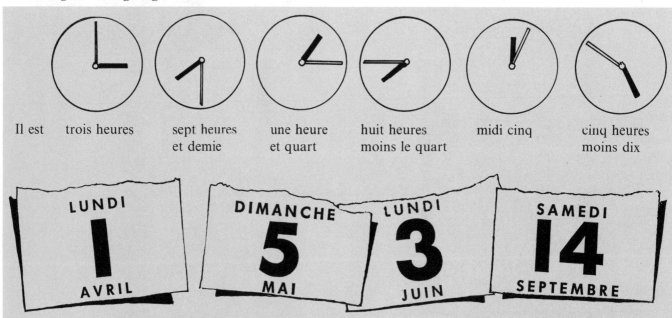

Il est   trois heures   sept heures   une heure   huit heures   midi cinq   cinq heures
                              et demie   et quart   moins le quart   moins dix

LUNDI 1 AVRIL   **DIMANCHE 5 MAI**   **LUNDI 3 JUIN**   **SAMEDI 14 SEPTEMBRE**

Nous sommes lundi le premier avril / dimanche le 5 mai / lundi le 3 juin / samedi le 14 septembre

3 Questions about time and dates

C'est	**quel** jour, le match de football? – C'est samedi, le 18 mai.	
	quelle heure, maintenant?	
Il est	**quelle** heure?	8 heures 45.
	Quelle heure est-il?	

How are the plurals of *quel, quelle* formed?

C'est	**quand**	votre ton	anniversaire?	– Le 24. – En avril.
	Quand	est-ce que **tu**	**pars?**	Demain?
		– Non. **Je** ne	**pars** pas	demain.
Et vous?	**Quand**	est-ce que **vous**	**partez?**	Aujourd'hui?
		– Oui. **Nous**	**partons**	cet après-midi.
		Ils	**partent**	à deux heures.

4 Numbers from 21 to 61

21	vingt et un	[vɛ̃teɛ̃]	31	trente et un	[trɑ̃teɛ̃]
22	vingt-deux	[vɛ̃tdø]	32	trente-deux	[trɑ̃tdø]
23	vingt-trois	[vɛ̃ttrwa]	40	quarante	[karɑ̃t]
24	vingt-quatre	[vɛ̃tkatr]	41	quarante et un	[karɑ̃teɛ̃]
25	vingt-cinq	[vɛ̃tsɛ̃k]	42	quarante-deux	[karɑ̃tdø]
26	vingt-six	[vɛ̃tsis]	50	cinquante	[sɛ̃kɑ̃t]
27	vingt-sept	[vɛ̃tsɛt]	51	cinquante et un	[sɛ̃kɑ̃teɛ̃]
28	vingt-huit	[vɛ̃tɥit]	52	cinquante-deux	[sɛ̃kɑ̃tdø]
29	vingt-neuf	[vɛ̃tnœf]	60	soixante	[swasɑ̃t]
30	trente	[trɑ̃t]	61	soixante et un	[swasɑ̃teɛ̃]

E Un pas de plus

Cher Michel,

Je suis maintenant à Bordeaux, chez ma sœur. Elle travaille à la réception d'un grand hôtel dans le centre de la ville. J'ai une semaine de vacances. C'est chouette, non?
Je voudrais aller avec toi à la réunion de Dijon. C'est quand?
Tu restes longtemps? Qu'est-ce que tu fais samedi?
Écris-moi vite.   Ton ami Lucien

Voici l'agenda de Michel, répondez à Lucien.

A Vous le savez déjà

1 Ecoutez et complétez les phrases:

Listen and complete the sentences:

1. C'est ... manteau de Sylvie, non?
   Oui, c'est bien ... manteau.

2. Et là, c'est ... pantalon de Paul?
   Oui, c'est ... pantalon.

3. Tiens, c'est ... ceinture de Sylvie?
   Oui, c'est ... ceinture.

4. Regarde, c'est ... veste de Paul?
   Oui, c'est ... veste.

5. Oh, ce sont ... gants de Sylvie?
   Fais voir. Eh oui, ce sont ... gants!

6. Ce sont ... pulls de Paul?
   Oui, ce sont ... pulls.

7. Ce sont ... bottes de Sylvie?
   Je crois, oui, ce sont ... bottes.

8. Et ça, ce sont ... chaussures de Paul?
   Oui, ce sont ... chaussures.

2

Dites quelle(s) ville(s) se trouve(nt) au sud, au nord, à l'est, à l'ouest; au centre, au sud-est, au sud-ouest, au nord-est, au nord-ouest de la France.
Name some cities in each part of France . . . the south, north, and so forth.

Sud	nord	est	ouest	centre
Montpellier				

B On dit

Quand partez-vous en vacances?
Vous partez comment?
Vous partez avec qui?
Où allez-vous?
C'est où exactement?
Vous restez longtemps?

Ecoutez la première partie du dialogue.
Répondez ensuite aux questions suivantes:
– Quand est-ce que M. Marche prend ses vacances?
– Où est-ce que Mme Marche voudrait aller?

Mme Marche va dans une agence de voyages.
Quelles questions peut-elle poser à l'employé?

Ecoutez maintenant la deuxième partie du dialogue.
Répondez ensuite aux questions suivantes:
– Qu'est-ce que Mme Marche demande?
– Quel âge ont ses enfants?
– Comment voyagent les Marche?

Ecoutez la troisième partie du dialogue.
– Les Marche restent combien de temps au Portugal?

1 📼

M. Marche:	Ça y est, chérie! C'est décidé! Nous prenons nos vacances en juillet. Bail-lot part en août.
Mme Marche:	Ah bon? Alors partons le 30 juin! C'est un samedi. Nous allons où cette année?
M. Marche:	Je ne sais pas! Au soleil, c'est sûr!
Mme Marche:	D'accord! ... Pourquoi pas au Portu-gal?

2 🔊

Employé:	Madame, vous désirez?
Mme Marche:	Bonjour, Monsieur. Je voudrais des adresses d'hôtels, s'il vous plaît. Au Portugal. Mon mari et moi, nous partons en vacances en juillet.
Employé:	Vous avez des enfants? Ils ont quel âge?
Mme Marche:	Six et huit ans.
Employé:	Vous voyagez comment? En voiture? Prenez plutôt le train! Vous connaissez le train-auto? Notre formule train-séjour est très avantageuse.
Mme M.:	Le train? C'est une bonne idée! Vous conseillez quelle région?
Employé:	Pour le soleil, allez dans le Sud! Et ce n'est pas cher.
Mme M.:	Oui, mais nous préférons une plage tranquille.
Employé:	Vous avez raison. Tenez, cet hôtel par exemple, la demi-pension et la chambre avec salle de bains-WC, c'est 95 F par jour et 60 pour vos enfants. Les repas sont à 35 F.

3 🔊

M. Marche:	Alors, chérie? Tu as les renseignements?
Mme Marche:	Tiens, les voilà: l'hôtel, les prix ... Tout compris, c'est à peu près un mois de ton salaire.
M. Marche:	Ça va. Et nous allons où exactement?
Mme Marche:	Là, tu vois? Nous passons par Coïmbra, Lisbonne, Setubal.
M. Marche:	Et nous restons combien de temps?
Mme Marche:	Vingt-cinq jours.
M. Marche:	Vingt-cinq jours? Chouette!

C Vous dites

Philippe et Marc, 22 et 21 ans, sont étudiants en psychologie. Ils parlent des vacances.

Philippe: Tu prends tes vacances en août, toi?
Marc:　Oui. Et toi, tu pars?
Philippe: Je ne crois pas. Je n'ai pas d'argent et j'ai mon mémoire de maîtrise de psycho.
　　　　　Et tu vas où?
Marc:　En Allemagne. Avec mon frère.
Philippe: Ton frère? Mais il a quel âge?
Marc:　Quinze ans.
Philippe: C'est vrai? Il a déjà quinze ans? Tu voyages comment?
Marc:　En moto peut-être.
Philippe: Bah! Prends donc le train! Inter-Rail! Tu connais? C'est pratique! Va à la gare, renseigne-toi. Mais
　　　　　tu vas où exactement?
Marc:　A Munich, je pense.
Philippe: Alors tu passes par la Suisse?
Marc:　Oui, peut-être. Et toi, tu travailles alors?
Philippe: Comme d'habitude, oui. Je préfère. Un mois à la station-service, ça fait 70 à 100 francs de
　　　　　pourboires par jour, ce n'est pas mal.
Marc:　Et tu restes seul ici?
Philippe: Non, avec ma copine. Tiens, la voilà.

D   Retenez bien

1   Asking about time and place.

Vous allez où cette année,	**en**	France, Belgique, Allemagne, ...?
	à	Strasbourg, Paris, Rome, ...?
	au	Maroc, Portugal, Canada, ...?
	aux	Pays-Bas, Etats-Unis, ...?

Où allez-vous	**à midi**	**?**	**à la**	cantine?
	aujourd'hui	**?**	**à l'**	usine?
	ce soir	**?**	**à l'**	hôtel?
	ce matin	**?**	**au**	bureau?
	cet après-midi	**?**	**chez**	un collègue?

2   Indicating the whereabouts of people or things

Robert est là.
Le manteau est là. — **Le voilà.**

Où est ta sœur?
Où est ma cravate? — **La voilà.**

Robert et Martine sont là.
Les bottes sont là. — **Les voilà.**

3   Asking about what belongs to whom

C'est le manteau de Paul/Sylvie?	Oui, c'est **son** manteau.
C'est la veste de Paul/Sylvie?	Oui, c'est **sa** veste.
Ce sont les gants de Paul/Sylvie?	Oui, ce sont **ses** gants.
Ce sont les bottes de Paul/Sylvie?	Oui, ce sont **ses** bottes.

Translate these sentences.

Notice that the possessives are adjectives. How do they agree in gender and number?
With the possessor, as in English, or with the gender of the object?

4   Questions about how one travels and with whom

Tu pars seul en vacances?			
Mais non, je pars	avec	**mon**	fils / mon ami.
		ma	fille / mon amie.
		mes	enfants.

...avec mes copines......

Vous voyagez en train/en voiture?			
Nous allons en Algérie avec	**notre**	fils/fille.	
	nos	enfants. Alors, nous prenons l'avion.	

Daniel va en vacances avec	son	fils.
	sa	fille.
	ses	enfants.
Les Martin vont en vacances avec	**leurs**	enfants.

5   Giving advice and acting on it

J'ai **Nous avons**	15 jours de vacances. – Alors	**prends** **prenez**	l'avion!
Tu as **Vous avez**	raison, c'est pratique. – Et	passe passez	par la Suisse…

6   Asking about age

Ton fils	**a**		Quinze ans.
Ta fille	**a**		Onze ans.
Tes enfants	**ont**	quel âge? –	Cinq et huit ans.
Votre fils/fille	**a**		Neuf ans.
Vos enfants	**ont**		Treize et seize ans.

Et vous? Vous avez quel âge? »J'ai … ans«.

Give the answer and translate the question and the answer.

7   Numbers from 60 to 100 and 1000

60	soixante	[swasãt]	82	quatre-vingt-deux	[katrəvɛ̃dø]
69	soixante-neuf	[swasãtnœf]	89	quatre-vingt-neuf	[katrəvɛ̃nœf]
70	soixante-dix	[swasãtdis]	90	quatre-vingt-dix	[katrəvɛ̃dis]
71	soixante et onze	[swasãteõz]	91	quatre-vingt-onze	[katrəvɛ̃õz]
72	soixante-douze	[swasãtduz]	92	quatre-vingt-douze	[katrəvɛ̃duz]
78	soixante-dix-huit	[swasãtdizɥit]	98	quatre-vingt-dix-huit	[katrəvɛ̃dizɥit]
79	soixante-dix-neuf	[swasãtdiznœf]	99	quatre-vingt-dix-neuf	[katrəvɛ̃diznœf]
80	quatre-vingts	[katrəvɛ̃]	100	cent	[sã]
81	quatre-vingt-un	[katrəvɛ̃ɛ̃]	1000	mille	[mil]

…mille neuf cent quatre-vingt-dix-neuf,…

E   Un pas de plus

1 Qui va où?

Monsieur et madame Pellegrini, Claude et Auguste, monsieur et madame Fontaine, mademoiselle Aubépine partent en vacances.
Une agence de voyages fait des propositions. Où est-ce qu'ils vont?

1. Monsieur et madame PELLEGRINI vont passer une semaine de vacances dans leur famille à Nice. Ils veulent ensuite aller passer une fin de semaine en Italie. Leur budget: 45 F par personne et par jour pour les repas et 100 F pour la chambre.

2. CLAUDE et AUGUSTE sont deux amis. Ils n'ont pas beaucoup d'argent et vont à la campagne. Ils ont deux semaines de vacances et ils ont seulement 80 F par personne et par jour.

3. Monsieur et madame FONTAINE et leurs deux enfants de 8 et 12 ans partent en vacances en France au bord de la mer, sur l'Atlantique. Ils préfèrent un appartement, pas trop cher, pratique pour les enfants et madame Fontaine.

4. Mademoiselle AUBEPINE veut passer ses vacances de Pâques dans un club, dans un pays chaud, pour faire de la planche à voile et du ski nautique. Dans son budget, elle a 80 F par jour pour les sports et 95 F maximum pour la demi-pension.

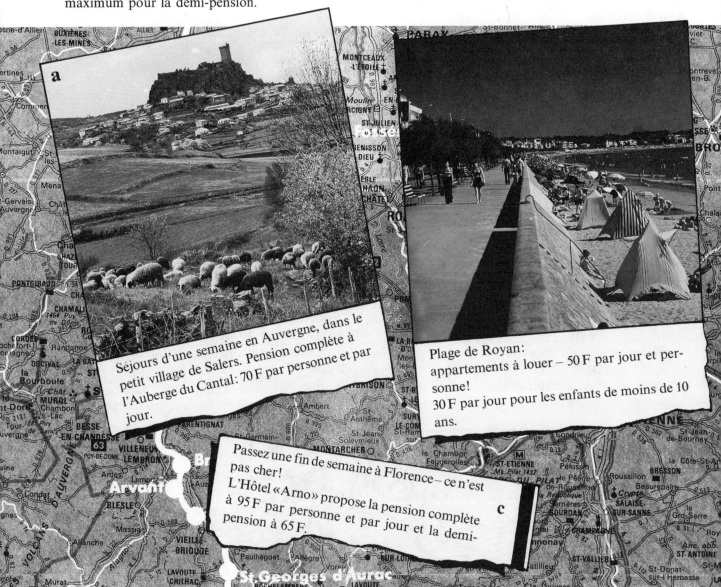

a

Séjours d'une semaine en Auvergne, dans le petit village de Salers. Pension complète à l'Auberge du Cantal: 70 F par personne et par jour.

Plage de Royan:
appartements à louer – 50 F par jour et personne!
30 F par jour pour les enfants de moins de 10 ans.

Passez une fin de semaine à Florence – ce n'est pas cher!
L'Hôtel «Arno» propose la pension complète à 95 F par personne et par jour et la demi-pension à 65 F.

c

d

Séjour à Tahiti sur une plage à 20 km de Papeete dans un complexe touristique avec piscine, tennis, planche à voile, ski nautique, pêche sous-marine. Forfait de 96 F par jour et par personne pour les sports et 100 F par personne en demi-pension.

e

Fin de semaine à Rome:
Hôtel »Colisée«, 90 F la nuit pour 2 personnes et 60 F par personne et par repas.

f

Visitez Collonges-la-Rouge en Corrèze.
Petit village médiéval.
Auberge de jeunesse: 50 F par personne en pension complète.

g

Pâques à la Guadeloupe dans un hôtel sur une plage à côté de Pointe à Pitre. Tennis, ski nautique.
Venez, ce n'est pas cher:
30 F l'heure pour le ski nautique. L'hôtel: seulement 80 F par jour et par personne en demi-pension . . .

h

Audierne/Finistère
A louer chalets pour 4 personnes, 65 F par jour et par personne. Demi-tarif pour les enfants au-dessous de 10 ans. Service d'entretien gratuit.

2

Par où passer?

Comme ces personnes, vous décidez d'aller à Salers, Collonges, Nice, Royan ou Audierne.
A partir de Paris, quel itinéraire choisissez-vous?
Regardez la carte ci-contre.

(You also decide to go to Salers, Collonges, Nice, Royan or Audierne. From Paris, which way will you go?)

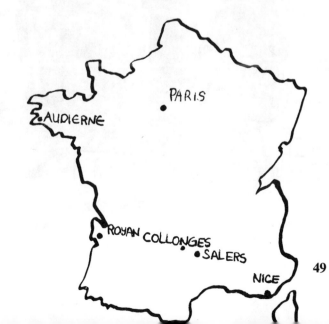

A Vous le savez déjà

1 Madame Simon est professeur. Le mercredi, elle ne travaille pas. Elle fait ses courses.

Ecoutez et indiquez le trajet de madame Simon

Listen and draw in Madame Simon's shopping trip.

2

Ecoutez et complétez les phrases.

Listen and complete the sentences.

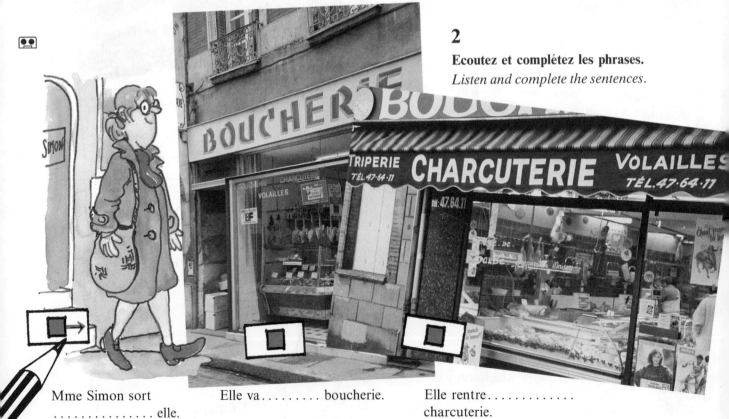

Mme Simon sort
. . . . elle.

Elle va. . . . . boucherie.

Elle rentre. . . . .
charcuterie.

lle passe .... poissonnerie

et va .... boulangerie.

Elle arrive .... elle.

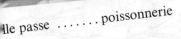

descend
.... elle.

Elle va ....
pharmacie.

et .... droguerie.

Elle va .... librairie

et ensuite .... pâtisserie.
Elle part .... pâtisserie,

elle passe .... bibliothèque.
Elle sort .... bibliothèque

et elle rentre
.... elle à 5 heures.

B   On dit

Vous êtes malade. Vous voulez voir un docteur. Qu'est-ce que vous faites?

Ecoutez maintenant la *première partie du dialogue*.
Répondez ensuite aux questions suivantes:
– Qui veut parler au docteur Montrouge?
– Qu'est-ce que Madame Simon veut? Pourquoi?

Mme S.:	Ici Madame Simon, je voudrais parler au docteur Montrouge.
Secrét.:	Ah, désolée, Madame, la voilà, mais elle part à l'hôpital.
Mme S.:	Tant pis, je voudrais un rendez-vous, s'il vous plaît, mais vite.
Secrét.:	Voyons ... demain à neuf heures?
Mme S.:	Ah non, à neuf heures j'ai cours. A 10 h 30, c'est possible?
Secrét.:	Oui, ça va. Demain 10 h 30 donc.
Mme S.:	Merci bien. A demain.

Before listening to the second dialog, try to develop your own dialog using the information given here.
(If you can't think of some of the words, ask your instructor or use a dictionary.)

Situation: You want to make an appointment or date with someone.

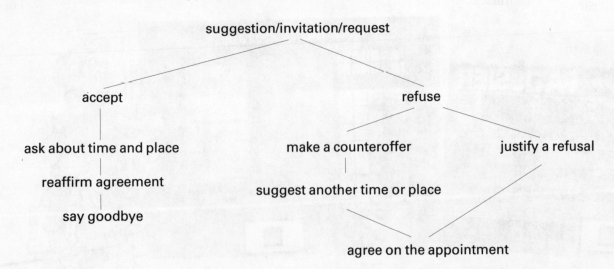

suggestion/invitation/request

accept   refuse

ask about time and place   make a counteroffer   justify a refusal

reaffirm agreement   suggest another time or place

say goodbye

agree on the appointment

🔊 Ecoutez maintenant.

Madame Simon et Madame Martin sont professeurs dans un lycée de Lyon.

Mme Simon:	Qu'est-ce que tu fais maintenant?
Mme Martin:	Rien. Pourquoi?
Mme Simon:	Tu viens avec moi?
Mme Martin:	Où?
Mme Simon:	Faire des courses. Je vais à la pharmacie, à la librairie et à l'épicerie.
Mme Martin:	D'accord.
Mme Simon:	Nous allons au cinéma ce soir?
Mme Martin:	Je regrette, je vais au concert avec Françoise. Pierre garde les enfants. Mais viens avec nous! C'est à l'auditorium de la Part-Dieu.
Mme Simon:	Oh oui, pourquoi pas? A quelle heure?
Mme Martin:	Tu sors du lycée à 5 heures? Alors à 8 heures chez Françoise.
Mme Simon:	Entendu, à ce soir!

Before listening to the third dialog, answer the following question:
– Vous voulez aller au cinéma. Le film est à 20 h 45.
A 20 h 15, vous êtes encore à la maison. Vous êtes nerveux/nerveuse. Qu'est-ce que vous dites à votre mari/femme/ami(e)?

Ecoutez maintenant.

🔊

Mme Simon:	Françoise est prête?
Mme Martin:	Non, pas tout à fait! Entre!
Françoise:	Un moment, je m'habille, j'arrive!
Mme Martin:	Mais qu'est-ce que tu fais? Dépêche-toi enfin! Il est déjà 8 heures!
Françoise:	Oh toi, tu es toujours pressée!
Mme Martin:	Et toi toujours en retard!

C Vous dites

Ce matin, Madame Caron va chercher ses enfants à l'école, à 11 heures 30.

Madame Caron:	Dis-moi, cette dame, ce n'est pas Mademoiselle Dupuis?
Monique:	Non, c'est Madame Michaud. Mais tiens, Madame Dupuis, la voilà, là-bas!

Madame Caron:	Bon, allez, les enfants, vous venez?
Paul:	Où est-ce qu'on va?
Madame Caron:	Nous allons à la boulangerie, et nous passons aussi au supermarché.
Les enfants:	Oh là, là! Encore!
Madame Caron:	Demain, c'est mercredi, vous sortez de la piscine à quelle heure? A quatre heures, non?
Monique:	Oui. Pourquoi?
Madame Caron:	On va au cinéma? Il y a un bon film…
Paul:	Chic alors!

A la maison:

Madame Caron:	On mange! Allez vous laver les mains!
Les enfants:	Oui, tout de suite.
Madame Caron:	Bien. Dépêchez-vous.

D Retenez bien

1 Ordering and asking someone to do something

Regardez!	Venez!	Dépêchez-vous!
Regarde!	Viens!	Dépêche-toi!
Vous regardez?	Vous venez?	Vous vous dépêchez?
Tu regardes?	Tu viens?	Tu te dépêches?

Try to figure out the rule for forming the imperative (for -er and -ir verbs and reflexive verbs). Notice how «regarde!» and «dépêche-toi!» are spelled.

2 Asking for patience

Attendez! Attends! Un moment! Un instant! Une minute! Tout de suite!

3 Following orders

Je	viens.	Je me		dépêche.		J'arrive.
Nous	venons.	Nous	nous	dépêchons.		Nous arrivons./On arrive.
Ils		Ils				Ils
Elles	viennent.	Elles	se	dépêchent.		Elles arrivent.

4 Asking about places

		Où est Madame Simon?		Où allez-vous?			D'où venez-vous?	
Elle est	à	Grenoble.	Je vais	à	Grenoble.	Je viens	de	Nantes
	à la	pharmacie.		à la	pharmacie.		de la	pharmacie.
	à l'	hôtel.		à l'	hôtel.		de l'	hôtel.
	au	stade.		au	concert.		du	stade.

à indicates a destination or location.
What does *de* indicate?

9

E   Un pas de plus

1

Madame Trolliet, mère de famille, n'aime pas les supermarchés.
Pour faire ses courses, elle préfère les petits magasins.
Où va-t-elle cette semaine?
Mardi, elle va à la boucherie, elle passe à la boulangerie... Continuez.

poisson
- crème fraîche
confiture

vendredi

vin
olives
- camembert
thé
- chocolat

mercredi

biftecks
baguette
yaourts
journal

mardi

eau minérale
café
tarte
médicaments

jeudi

rosbif
salade
radis
tomates
oranges

samedi

2

Madame Simon et Madame Trolliet voudraient bien se rencontrer – mais quand? Faites le dialogue et trouvez une solution.

3

Jeu de mime
Vous allez tirer au sort un papier. Mimez le verbe écrit sur votre papier. Les autres doivent deviner de quel verbe il s'agit.
Draw a card at random. Mime the action of the verb written on your card. The others have to guess the verb you have.

Le prix des choses

A Vous le savez déjà.

Vous entrez dans un grand magasin, et vous entendez une réclame pour certains produits.
Avant de faire vos achats, notez les renseignements que vous entendez.
You go into the supermarket part of a department store and you hear advertisements for certain products.
Before doing your shopping, note down the information you hear.

		prix	poids/quantité
CRÉMERIE			
FRUITS ET LÉGUMES			
CHARCUTERIE			

B   On dit

1

- Monsieur, s'il vous plaît. Les tomates, c'est combien?
- ○ 8 F, Madame!
- La livre ou le kilo?
- ○ 8 F le kilo, Madame.
- Bon, ça va, un kilo!

2

Crémière:	A vous, Monsieur!
Monsieur:	Je voudrais du fromage, du Comté.
Crémière:	Oui, combien?
Monsieur:	Un petit morceau.
Crémière:	Comme ça?
Monsieur:	Oui.
Crémière:	Voilà, juste une demi-livre. Et avec ça?
Monsieur:	Un peu de beurre, s'il vous plaît.
Crémière:	Ce morceau, ça va?
Monsieur:	Ça fait peut-être beaucoup. Il pèse combien?
Crémière:	340 grammes.
Monsieur:	Non, c'est trop. 200 grammes environ!
Crémière:	Autre chose, Monsieur?
Monsieur:	Non, rien, merci. Ça fait combien?
Crémière:	Alors… Comté, 250 grammes … 9 Francs. Beurre, 180 grammes … 7,80 Ça fait … 16,80 francs.
Monsieur:	Voilà: seize, seize cinquante, quatre-vingts.
Crémière:	C'est bien ça. Merci, Monsieur.

C Vous dites

1

Dame: Bonjour! Ça va, Monsieur Laurent?
Epicier: Pas mal, merci.
Dame: Dites, votre vin là, il est à combien?
Epicier: Toujours 6 francs le litre, Madame.
Mais pas pour longtemps, il augmente demain.
Dame: Vous avez des mandarines?
Epicier: Oui. Combien?
Dame: Un kilo et demi, s'il vous plaît.
Epicier: Bien, Madame.

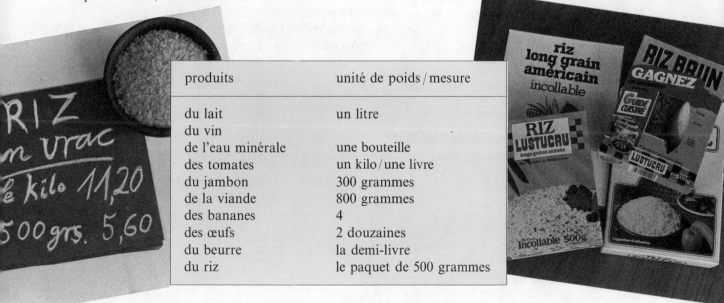

produits	unité de poids / mesure
du lait	un litre
du vin	
de l'eau minérale	une bouteille
des tomates	un kilo / une livre
du jambon	300 grammes
de la viande	800 grammes
des bananes	4
des œufs	2 douzaines
du beurre	la demi-livre
du riz	le paquet de 500 grammes

2

Boucher: Et pour vous, Madame?
Dame: Je voudrais un rôti de porc.
Boucher: Oui. Voilà, 970 grammes, ça va?
Dame: Non, ce n'est pas assez. 1 kg 500 environ, s'il vous plaît.
Boucher: Très bien.

**Vary the dialog with the following items.
Buy enough of each for 4 people.**

produits	poids		réaction
rôti de veau	500 gr		c'est beaucoup
rosbif	1 kg 500		c'est trop
gigot	1 kg		c'est un peu juste
côte de porc	1 kg 200		c'est un peu trop
côte d'agneau	750 gr		ça fait trop
bifteck	300 gr		ça fait beaucoup
pâté	800 gr		…

500 gr	=	1 metric pound 1.1 US pound
1 kg	=	2 metric pounds 2.2 US pounds

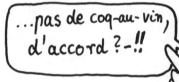

…pas de coq-au-vin, d'accord ?–!!

D Retenez bien

1 Saying what you want to buy

Je voudrais		Je voudrais	
de la limonade.		*une bouteille*	**de** limonade.
de l'eau minérale.		*trois bouteilles*	**d'**eau minérale.
du lait.		*un litre*	**de** lait.
des pommes.		*un kilo*	**de** pommes
des fruits.		*une livre*	**de** cerises.

Translate the sentences. What do you notice?
When are the partitive articles *du, de la, de l'* and *des* used and is only *de* used?

2 Indicating quantities

Je voudrais **un peu de** pâté, **un peu** seulement.
Je mange **beaucoup de** fruits, vraiment **beaucoup.**
Vous m'avez donné **trop de** beurre, beaucoup **trop.**
Il y a **assez de** cerises, **assez** pour tout le monde.

3 Asking about prices

Le fromage,		– 6 F les 100 grammes.
Le vin,	c'est combien?	– 7 F le litre.
La salade,	ça fait combien?	– 3 F la pièce.
Les petits pois,	ça coûte combien?	– 7 F la boîte.
Les cerises,		– 19 F le kilo.

E   Un pas de plus

1

Un ami français vous demande quels bons produits il peut acheter chez vous. Qu'est-ce que vous lui conseillez?
A French friend asks you what good food products he can buy in your country. What do you recommend to him?

2

Imaginez des dialogues pour les scènes ci-dessous.
Create your own dialogs for each picture.

Ça s'est bien passé?

A   Vous le savez déjà

Ecoutez. Faites correspondre les heures et les images.

Listen to the tape and match the pictures to the times.

B On dit

M. Marche:	Alain, le dossier Biraud, tu l'as encore?
Alain:	Non. Demande-le au Service export. On va l'apporter.
M. Marche:	*(au téléphone)* Monsieur Caron? Vous avez encore le dossier Biraud? ... Bien, merci. Ça y est, on l'apporte. Ah, la rentrée! Ce n'est pas facile!
Alain:	Ça! ... Mais dis-moi, et tes vacances?
M. Marche:	Oh, formidables!
Alain:	Le voyage s'est bien passé? Tu t'es bien reposé?
M. Marche:	Et comment! Un temps splendide! Nous nous sommes baignés tous les jours!
Alain:	De bonnes vacances alors?

Hosségor/Atlantique

Thiers sur Durolle (Auvergne)

M. Marche:	Oui, vraiment. Nous nous sommes bien amusés.
Alain:	Vous vous êtes promenés un peu?
M. Marche:	Oui, nous sommes souvent partis en excursion et nous sommes même allés faire des promenades en mer.
Alain:	Tu es content alors? D'ailleurs ça se voit, tu es en forme!
M. Marche:	C'est une bonne formule pour les vacances, tu sais, le train-auto.
Alain:	Tu as peut-être raison.
M. Marche:	Ecoute, demain, j'apporte les photos. Tu vas voir ... Et j'ai encore les dépliants de l'Agence avec les renseignements, je crois. Je vais les apporter aussi, c'est promis.
Alain:	Bien, merci.

C Vous dites

Jean: Mademoiselle! Et alors? Mon entrecôte?
          Vous l'apportez?
Serveuse: On la prépare, Monsieur.

Jean: Alors raconte, il s'est terminé comment le feuilleton?
Anne: Eh bien, ils se sont enfin retrouvés et ...
Jean: Je sais: ils se sont mariés, etc, etc ...

Anne: Penses-tu! Ils se sont encore disputés. Ils sont partis chacun de son côté.
          Lui, il est allé au Mexique ...
Jean: Et elle, elle est retournée chez sa mère.
          Bon, d'accord. On va avoir une nouvelle série!

Anne: La voilà, ton entrecôte.
Jean: Ah enfin!
Serveuse: Toutes nos excuses, Monsieur!
Jean: Bon, bon, ça va.

D   Retenez bien

1   Asking how someone's trip was.

Le voyage s'est bien passé? – Très bien.

Nous	sommes	par**tis**	le 1er juillet à six heures
et nous	sommes	arriv**és**	le soir à 21 heures.
On	est	rest**és**	trois semaines.
Nous	sommes	rentr**és**	samedi soir, mais
Sylvie et Brigitte	sont	rest**ées**	là-bas. Elles vont rentrer dans une semaine.

The endings of the past participle vary.
What is the reason for the changes?

2

Mes parents	se sont	promen**és**.	
Ma sœur	s' est	promen**ée**	tous les jours.
On	s' est	promen**és**.	
Nous nous	sommes	baign**és**	et
on s'est	bien	repos**és**.	

Translate the sentences with the subject *on*.
What word or words can *on* replace?

3   Asking about what is going to happen soon

Vous	**allez**	sortir ce soir?
Je	**vais**	rester encore une semaine.
On	**va**	avoir une nouvelle série?
Tu	**vas**	préparer le petit déjeuner?

Tu vas **encore** sortir ce soir?

E   Un pas de plus

Comment s'est passé votre dimanche? Racontez.

se lever tôt/tard

aller à la piscine

aller à la pêche

se coucher tôt/tard

se promener

se doucher

sortir

aller au cinéma/théâtre

aller danser (dans une discothèque)

s'habiller

aller faire de la gymnastique/ du jogging/une partie de tennis

aller au restaurant/café

passer chez des amis

se reposer

Qu'avez-vous fait?

A   Vous le savez déjà

1

Soulignez les terminaisons des verbes. Quelles sont vos conclusions?
Underline the endings of the past participles. What do you notice?

Ce matin, comme tous les lundis, monsieur et madame Caron se sont réveillés à 7 heures. Monsieur Caron s'est levé à 7 heures 15, après les informations. A 7 h 20, il est allé à la salle de bains. Là, il s'est rasé, puis, à 7 h 25, il s'est douché et enfin il s'est habille à 7 h 30.
Madame Caron s'est levée à 7 h 15 et elle est allée à la cuisine pour préparer le petit déjeuner. A 7 h 30, elle est montée réveiller les enfants dans leur chambre.
A 8 h 15, monsieur Caron et les enfants sont partis au bureau et à l'école, mais madame Caron est restée chez elle pour faire son ménage. A 10 heures, elle est sortie faire ses courses.

2

Soulignez les terminaisons des verbes. Quelles sont vos conclusions?

Madame Caron raconte sa journée:

«Après le départ de mon mari et de mes enfants, j'ai fait le ménage: j'ai rangé les chambres et la cuisine. Ensuite, j'ai fait quelques courses. J'ai acheté de la viande chez le boucher et un beau poisson à la poissonnerie et j'ai pris le pain. Puis je suis rentrée chez moi pour préparer le déjeuner.
L'après-midi, je suis sortie avec ma fille. Les autres courses, je les ai faites avec elle. Avant de partir, nous avons fait une liste et nous ne l'avons pas oubliée à la maison! Les médicaments pour mon mari, nous les avons achetés à la pharmacie et la lessive chez le droguiste. Les brioches, nous les avons prises à la pâtisserie du coin et les livres, nous les avons empruntés à la bibliothèque.»

B On dit

Lisez attentivement les phrases suivantes:
Read the following sentences attentively:

1. Ils se sont engagés dans la rue.
2. Ils sont passés devant le panneau sans le voir.
3. Au milieu de la rue, ils se sont arrêtés brusquement.
4. Ils ont fait demi-tour.
5. Ils ont remonté la rue.
6. Ils ont grillé le stop.
7. Ils ont freiné ... mais trop tard.

Observez le dessin.
Look at the picture.

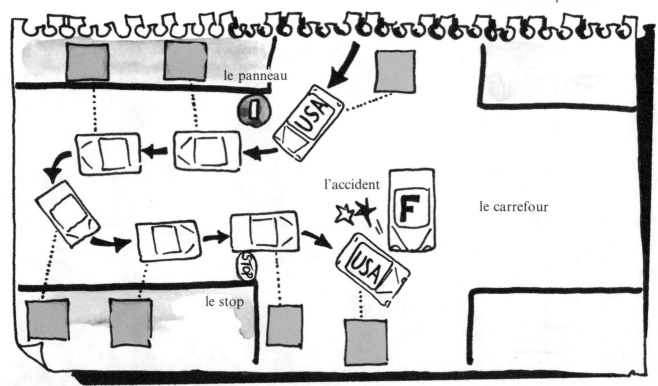

le panneau

l'accident

le carrefour

le stop

A chaque phrase correspond un élément du dessin: essayez de les relier. Notez les numéros dans les cases.
Each of the sentences above corresponds to part of the picture. Note the numbers in the boxes.

Maintenant écoutez le dialogue.

Bruit de coups de frein et choc de deux voitures.

Dame: Qu'est-ce qui s'est passé?

Monsieur: Oh, encore un accident! C'est toujours la même chose à ce carrefour! Deux voitures se sont accrochées. Heureusement ce n'est pas grave.

Dame: C'est la faute de la voiture américaine?

Monsieur: Oui. C'est parce qu'ils se sont trompés de rue.

Dame: Quand on ne connaît pas une ville...

Dame:	Mais ça s'est passé comment?
Monsieur:	Ils se sont engagés dans la rue …
Dame:	Ils sont passés devant le panneau sans le voir?
Monsieur:	Oui, sans doute. Au milieu de la rue, ils se sont arrêtés brusquement et …
Dame:	Et alors?

Monsieur:	Ils ont fait demi-tour et ils ont remonté l'avenue.
Dame:	Ils sont sortis comme ça?
Monsieur:	Oui, ils ont grillé le stop.
Dame:	Et à ce moment-là l'autre voiture est arrivée?
Monsieur:	C'est cela, ils ne l'ont pas vue. Ils ont freiné… mais trop tard!

Dame:	Enfin, ce n'est pas grave! Il n'y a pas de blessés.
Monsieur:	Oui, mais pour ces Américains, quels ennuis!
Dame:	Ce n'est pas leur faute! Je l'ai toujours dit: ce carrefour est dangereux!
Monsieur:	C'est vrai! On ne voit pas les signalisations. On dit bien qu'il va y avoir des feux mais…
Dame:	Oui, les accidents continuent!

C Vous dites

Monsieur Dubois:	Et alors? Et le stop?
Monsieur Moore:	Pardon? Je parle mal français …
	Un moment, s'il vous plaît.
	Jean, please explain
	to the man what happened.

Madame Moore:	Excusez-nous, monsieur, c'est de notre faute. Nous nous sommes trompés de rue.
Monsieur Dubois:	Je ne comprends pas ... Vous n'avez pas vu le panneau?
Madame Moore:	Oui, mais trop tard. Mon mari s'est arrêté et il est reparti en sens inverse.
Monsieur Dubois:	Et le stop alors?
Mme Moore:	On ne l'a pas vu. On a suivi la flèche ...
Monsieur Dubois:	C'est comme ça que les accidents arrivent!

Monsieur Dubois:	Bon, on va faire le constat. Ce n'est rien.
Mme Moore:	Mon mari reconnaît que c'est sa faute.
Monsieur Dubois:	C'est vrai, mais moi, je n'ai pas freiné assez vite. Et vous savez, on dit que ce carrefour est très dangereux ... C'est vrai, vous voyez ...

D   Retenez bien

1   Telling what happened

> Ils **ont fait** demi-tour.
> Ils **ont grillé** le stop.
> Ils **ont freiné.**
> Vous n'**avez** pas **vu** le panneau.

2

> *La voiture* est arrivée. Ils ne *l'*ont pas vu**e**.
> *Les courses*, elle *les* a fait**es** avec sa fille.
> *Les livres*, elles *les* ont emprunté**s** à la bibliothèque.

What does each direct object pronoun stand for *(les, l')*?
Where is it located (in relation to the verb)?
Why does the ending of the past participle change?

E   Un pas de plus

1

**Qu'est-ce qui s'est passé?
Racontez.**

2

Racontez

Et la fin de l'histoire?

13 Vous connaissez un bon docteur?

A Vous le savez déjà

Regardez les phrases suivantes.
Repérez et marquez les illustrations qui correspondent aux phrases ci-dessous.
Look at the following sentences. Decide which illustration corresponds to each sentence and mark the pictures.

A Elle va téléphoner.
B Elle va jouer au tennis.
C Elles viennent de faire les courses.
D Il vient de manger du chocolat.
E Le train vient d'entrer en gare.
F Ils vont partir en voiture.
G Elle vient d'acheter du pain.
H Il va jouer au loto.

B   On dit

Ecoutez le dialogue entre Mme Schulz et le pharmacien.

Lisez ensuite les questions suivantes:
– Pourquoi est-ce que Mme Schulz est allée à la pharmacie?
– Qu'est-ce qu'elle a? Depuis quand?
– Qu'est-ce que le pharmacien lui donne?

Ecoutez le dialogue une deuxième fois
et répondez aux questions.

Dans une pharmacie. Une dame et un monsieur attendent.

Pharmacien: Monsieur, c'est à vous?
Mme Schulz: Ah non, excusez-moi. Monsieur vient seulement d'arriver. C'est à moi, j'attends depuis longtemps.
Pharmacien: Alors, à vous, Madame.
Mme Schulz: Monsieur, je suis en vacances ici. Nous sommes au camping. Je ne me sens pas bien: j'ai mal à l'estomac, au ventre … et j'ai la colique …
Pharmacien: Vous l'avez depuis longtemps?
Mme Schulz: Depuis quelques jours.
Pharmacien: La chaleur et la nourriture sans doute … Je vais vous donner des cachets et des gouttes. Vous les prenez trois fois par jour, avant chaque repas: le matin, à midi et le soir, avec un peu d'eau.
Mme Schulz: Merci. Vous pouvez aussi me donner l'adresse d'un médecin?
Pharmacien: Le docteur Contamine. Je le connais très bien. Je vais vous noter son numéro de téléphone. Vous allez l'appeler si cela ne va pas mieux.
Mme Schulz: Merci, c'est gentil.

C   Vous dites

Lisez les questions, écoutez le dialogue et répondez:
Où est-ce que Madame Schulz a mal?
Depuis quand?
Quand est-ce qu'elle ne se trouve pas bien?
Qu'est-ce qu'elle va faire pendant quatre jours?
Et ensuite?
Le docteur dit: «Ce n'est pas grave.»
Pourquoi?

SERVICES DE GARDE

MÉDECIN. – De garde ce soir, à partir de 20 heures, jusqu'à demain matin, 8 heures: docteur CONTAMINE, tél. 98.24.22.
PHARMACIE. – Après 19 heures, se présenter avec son ordonnance au commissariat de police.
LABORATOIRE D'ANALYSES MÉDICALES. – S'adresser au commissariat de police.
AMBULANCES AGRÉÉES. – De garde ce matin, à partir de 8 heures, jusqu'à demain matin, à 8 heures: Merlot tél. 32.32.65.
CHIRURGIEN-DENTISTE. – De garde dimanche et jours fériés, de 9 heures à 12 heures et de 14 heures à 17 heures. S'adresser au commissariat de police, tél. 98.60.03.

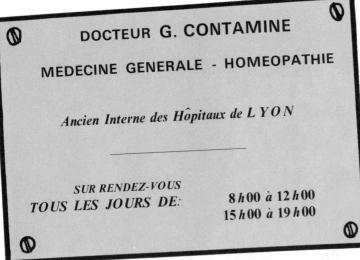

J'ai mal à...

la tête

l'estomac

la jambe

le pied

le ventre

Docteur
Contamine: A vous, Madame.

Dame: Non, ce n'est pas à moi, Docteur. Cette dame attend déjà depuis un moment.
Moi, j'arrive à la minute.

Docteur C.: Ah, oui.
Bonjour, Madame. Vous êtes Madame ...?

Madame Sch.: Schulz. Bonjour, Docteur.

Docteur C.: Alors, Madame Schulz, cette colique, vous l'avez depuis combien de jours?

Madame Sch.: Environ deux jours.

Docteur C.: Où est-ce que vous avez mal?

Madame Sch.: Ici, à l'estomac, et au ventre.

Docteur C.: Bien, voyons ça ... Quand est-ce que vous avez mal?
Toujours?

Madame Sch.: Non, après les repas ... une heure après. Ça me fait très mal.

Docteur C.: Bien. Je vois. Ce n'est pas bien grave. La chaleur, et une autre nourriture ... Le changement
de nourriture. ...
Je vais vous donner un médicament. Vous le prenez pendant quatre jours. Ensuite, vous reve-
nez me voir.

Madame Sch.: Et les gouttes du pharmacien?

Docteur C.: Continuez à les prendre aussi. Elles vont vous faire du bien.

Madame Sch.: Pour votre consultation, je vous dois combien?

Docteur C.: 80 francs. Mais vous pouvez la payer la prochaine fois, si vous voulez.

Madame Sch.: Non, c'est gentil, mais je la paie tout de suite.
Merci, Docteur.

Docteur Gilbert Contamine
Ancien Interne des Hôpitaux de Lyon

15, rue des Bons Soins,
03200 Vichy
Tél. (70) 98-24-22

MÉDECINE GÉNÉRALE
Sur rendez-vous

le 10 Avril 1984.

Monsieur MALENPOINT

1/ En cas de fièvre prendre un comprimé d'ASPIRINE 500mg Toutes les 4 heures — (1boîte)

2/ Contre la toux, prendre une cuillère à soupe matin midi et soir de SIROP PULMOFLUIDE (2flacons)

3/ En cas de maux d'estomac prendre une heure avant les trois repas un Sachet de PHOSPHALUGEL

D   Retenez bien

1   Asking about someone

Vous connaissez *Madame Périer?* – Je **la** connais bien. Je vais **l'**appeler.
Vous avez vu *le docteur Contamine?* – Non, je ne **l'**ai pas vu.

2   Taking instructions

Je vais vous donner un médicament.
Je prends *le médicament* combien de temps? – Vous **le** prenez pendant 4 jours.
Voilà *des cachets.* Vous allez **les** prendre 3 fois par jour.
Et *les gouttes* du pharmacien? – Continuez à **les** prendre aussi.
Pour *votre consultation* je vous dois combien? – Vous pouvez **la** payer la prochaine fois.

Describe the placement of the direct object pronouns *le, la, l', les.*

3   Telling what someone will do shortly or has just done

9 h: Elle **va jouer** au tennis.
    9 h 10: Elle joue au tennis.
        9 h 45: Elle **vient de jouer** au tennis.
           10 h 15: Elle a joué au tennis.

E Un pas de plus

Vous avez consulté un médecin en France. Il vous a donné un médicament. Vérifiez si vous avez bien compris comment le prendre.

Notez les numéros des médicaments dans le tableau.

You went to the doctor in France. He gave you some medicine. Make sure you know how to take it.
Write the number of each medicine in the appropriate boxes.

1

MAGNOGÈNE

Thérapeutique Magnésienne

Indications
— Toutes les manifestations du déficit en magnésium.

Posologie
— Comprimés enrobés : 4 à 6 par jour.
— Solution : 2 cuillers à café de la solution diluée dans un peu d'eau.

Il est recommandé de prendre le MAGNOGÈNE le matin au petit déjeuner.

2

CEPHYL

BOITE DE 60 COMPRIMES

Formule :
Belladonna . . . 4 CH
Iris versicolor . . 4 CH
Gelsemium . . . 4 CH | aa 0,0004 g
Nux vomica . . . 4 CH
Spigelia . . . . 4 CH

Ce médicament contient de l'aspirine.
Lire attentivement la notice pour les précautions d'emploi.

Ethenzamide (D.C.I.) . . . . . . 0,20 g
Guaranine . . . . 0,04 g
Acide acétylsalicylique. . . . . 0,10 g
Excipient q.s.p. 1 comprimé
de. . . . . 0,40 g

Posologie :
Adultes :
1 ou 2 comprimés
2 à 3 fois par jour.
Enfants : de 3 à 7 ans
1/2 comprimé 2 à 3 fois par jour.
A avaler avec un peu d'eau.

A.M.M. : 318 788. 4

3

oscillococcinum®

Formule :
Autolysat filtré de foie et cœur d'Anas Barbariæ dynamisé à la 200ème K. Excipient q.s.p. 1 dose globules 1 g.

Indications thérapeutiques :
Etat grippal.

Posologie :
Selon prescription médicale ou 1 dose le matin à jeun 1/2 heure avant le petit-déjeuner ou le soir deux heures après le repas.
V. 215 P. 28779

4

MODE D'EMPLOI

Suivre les indications du médecin traitant.

Adultes : Prendre trois fois par jour, 5 à 8 gouttes **d'Infludo** dans un peu d'eau tiède, loin des repas.

A la phase aiguë, également 5 à 8 gouttes, mais toutes les heures ou toutes les 2 heures, si possible même dans la nuit.

Enfants : de 4 à 14 ans : dosage de 3 à 5 gouttes. Au-dessous de 3 ans : dosage de 1 à 2 gouttes.

Infludo

contre la Grippe et l'Influenza

	1 X jour	2 X jour	3 X jour
Au réveil			
Avant le ☕			
le matin à 10 h			
Avant le 🍴			
l'après-midi à 16 h			
Avant le 🍴			
Au coucher			

A   Vous le savez déjà

1

**Voici des inscriptions que vous pouvez trouver en France.
Qu'est-ce qu'elles ont en commun?**
*Here are some notices you can find posted in France.
What do they have in common?*

N'emportez plus d'argent avec vous!

Nous n'avons plus de pain!

Ne partez plus sans votre Carte Bleue!

N'écrivez plus
LA REDOUTE 75 PARIS
369.69.69
téléphonez

PLUS DE SUPER

Le magasin n'accepte plus les chèques.

La maison ne fait plus crédit.

CHOMEURS: rien ne va plus

Le restaurant n'accepte plus les coqs!

2

Rien ne va plus

– Vous venez de Bordeaux et vous voulez continuer vers Paris. Vous êtes sur la RN 10.
– Vous venez de Paris. Vous êtes sur l'autoroute A 6 en direction du sud.
– Les vacances sont finies. Vous voulez passer la frontière à Kehl.
Vous entendez trois messages à la radio.
Que devez-vous faire? Travaillez en groupes.

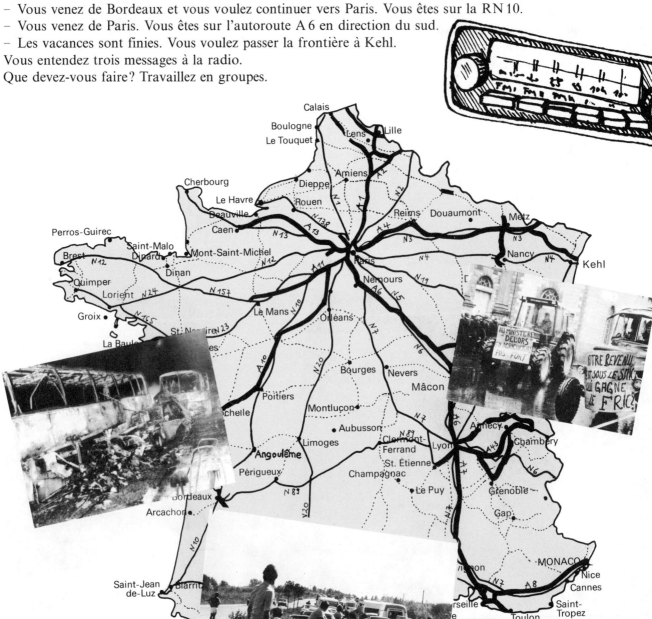

	Où?	Que se passe-t-il?	Que dois-je faire?
1			
2			
3			

B   On dit

Qu'est-ce que vous prenez au petit déjeuner?
Que savez-vous du petit déjeuner des Français?
Faites-vous attention à ce que vous mangez, à ce que vous buvez?
Prenez-vous du sucre dans le café/le thé?
Ecoutez maintenant. Monsieur Wolf va nous dire pourquoi il ne prend plus de sucre dans son thé.

Dans un grand hôtel.
M. Laurent et M. Wolf, un Américain – qui se connaissent
bien – se retrouvent à l'heure du petit déjeuner.

M. Laurent: Bonjour, monsieur Wolf. Bien dormi?
M. Wolf: Mais oui.
M. Laurent: Vous avez déjà pris le petit déjeuner?
M. Wolf: Non, pas encore.
M. Laurent: Alors, prenons-le ensemble.
M. Wolf: Avec plaisir!

A table, le garçon prend la commande:

M. Wolf: Je vais prendre seulement un jus d'orange, un thé au citron et des biscottes.
M. Laurent: Mais, monsieur Wolf, vous ne prenez plus de petit déjeuner à l'américaine?
M. Wolf: Non, non, je n'en prends plus. En France, vous déjeunez assez tôt et vous mangez beaucoup. Et puis, je fais un régime sévère: Je ne bois plus de café, plus de lait. Je ne mange plus de sucre.
M. Laurent: De la confiture non plus? Et pas de croissants?
M. Wolf: Non, ça m'est interdit aussi, J'ai pris 11 kilos en trois ans. Ça ne peut plus continuer. Maintenant, je commence à maigrir. J'ai déjà maigri de deux kilos.
M. Laurent: Bravo! Bon appétit quand même!

Le petit déjeuner des Français?

Il est petit, léger et rapide. De bonne heure le matin, ils prennent une tasse de café noir, de café au lait, de thé nature ou de thé au lait, ou de chocolat pour les enfants.

Avec cela, ils mangent une ou deux tartines de pain (frais ou grillé) avec du beurre, et de la confiture ou du miel.

Certains remplacent le pain par des biscottes, ou encore des croissants.

C   Vous dites

Lucie et Francine, deux jeunes Françaises qui travaillent dans une entreprise à Dortmund, se rencontrent à la pause de midi.

Lucie: Bonjour, Francine!
              Mais, dis donc, tu es devenue mince et élégante!
Francine: Tu vois, le régime ... J'ai déjà perdu 6 kilos!
Lucie: Tu ne viens pas à la cantine?
Francine: Ecoute, je suis désolée, mais ce n'est pas possible. On mange trop vite. Et puis ici, en Allemagne, il y a trop de charcuterie et pas assez de fruits. C'est mauvais pour moi.
Lucie: Raconte un peu ce régime. Tu manges beaucoup de fruits?
Francine: Ah oui. Presqu'un kilo par jour.
Lucie: Et du pain, de la viande, tu en manges un peu?
Francine: Je ne mange plus de pain du tout, et très peu de viande. Mais je mange des œufs et du fromage.
Lucie: Du café, tu en bois encore?
Francine: Non, du thé au lait, sans sucre.
Lucie: C'est dur, non? Et moi qui veux grossir ...
              Alors, prenons un thé ensemble, à la sortie, ce soir.
Francine: D'accord. A tout à l'heure!
Lucie: Au revoir!

FAITS ET CHIFFRES

Alimentation des Français:

Pain	1800: 180 kg par an;	1979: 65 kg par an
Sucre	1900: 16 kg par an;	1979: 36 kg par an
Viandes	1900: 40 kg par an;	1979: 90 kg par an
Pommes de terre	1900: 200 kg par an;	1979: 90 kg par an

Source: Quid 1985

D   Retenez bien

1

Il y a *de la* confiture. Vous **en** voulez?	– Non, pas *de* confiture! Je n'**en** mange pas.
Il reste *du* café. Vous **en** voulez?	– Non, pas *de* café. Je n'**en** bois plus.
Des croissants, vous **en** voulez?	– Non, pas *de* croissants. Je n'**en** mange plus.
	Je **ne** fume **plus.** N'écrivez **plus.**

What does *en* replace?
Translate the sentences.

2

> 1. Comment cela s'appelle **en** français?
> 2. Je viens de passer un mois **en** France.
> 3. J'ai pris trois kilos **en** trois semaines!
> 4. Vous ne prenez plus de petit déjeuner à l'américaine? – Non, je n'**en** prends plus.
> 5. Dites ce que vous **en** pensez.

Read the sentences and translate them.

In which sentences is *en* used as a pronoun? As a preposition?
Talk to your instructor about it.

Extrait de Claire Bretécher, *Les Frustrés V*
© 1981 by Claire Bretécher

E   Un pas de plus

1

Voici des publicités trouvées dans un journal français.
Dites ce que vous en pensez, et pourquoi.

POUR MINCIR — Une aide précieuse — MAIGRI RELAX

Payez 149,80 F uniquement si vous perdez au moins 5 kilos avant 30 jours

Offre spéciale 149 F,80 seulement — Prix O.G.P.

Remodèle votre silhouette ! Tonifie vos muscles !
(ni exercice, ni régime, ni médicaments).

MAIGRIR: DU NOUVEAU !

Le secret pour maigrir

Vous pouvez maintenant maigrir en mangeant tout ce que vous voulez, et tant que vous le désirez, grâce à une découverte de deux médecins.

Pas de médicaments à prendre – et l'essai est libre. Si vous n'avez pas perdu au moins 5 kilos avant 30 jours, renvoyez le livre, et vous serez intégralement remboursé.

L'étonnante découverte des docteurs Hay et Walb

Maigrir. Du nouveau. Du sérieux. Découvert par un médecin allemand et déjà utilisé par le Président des Etats-Unis.

Vous pouvez manger tant que vous voulez. Tout ce que vous voulez. La seule restriction : ne pas manger ensemble certains aliments au cours d'un même repas.

Comment cela se fait-il ?

En poursuivant les travaux du Docteur Hay, le Docteur Walb a découvert que, pour que votre corps puisse former de la graisse, les éléments chimiques des aliments doivent

Côtelette + Frites	=	**Vous grossissez**
Steack + Haricots verts	=	Vous perdez du poids
Bourre + Pain	=	**Vous grossissez**
Beurre + Aliments sans glucides	=	Vous perdez du poids

Grâce à la découverte de deux médecins, vous pouvez maintenant maigrir en mangeant tout ce

être satisfait à 100%, sinon renvoyez pour remboursement intégral.

Le Docteur Walb vous indique les aliments qu'il ne faut pas manger ensemble. Expérimentez ses recettes. Voyez vos kilos et vos centimètres disparaître. Si vous n'avez pas perdu **au moins 5 kilos** en 30 jours ou si vous n'êtes pas satisfait pour quelque raison que ce soit, renvoyez-le. Je m'engage personnellement à vous rembourser si vous le retourner avant 90 jours.

Vous aurez ainsi non seulement le temps nécessaire pour vérifier la disparition de vos centimètres et de vos kilos en trop, mais aussi de constater que vos kilos en plus NE REVIENNENT PAS.

Vous ne pouvez pas ne pas réussir

Ne l'oubliez pas : vous mangez **tant** que vous voulez, et **tout** ce que vous voulez. Vous n'avez donc aucune résolution impossible à tenir. Vous ne pouvez donc pas ne pas réussir. Découpez et renvoyez le bon ci-dessous AUJOURD'HUI-MÊME. Faites-le maintenant. Vous ne risquez pas ainsi de l'oublier.

CONNAISSEZ-VOUS …………?

Silhouette: Etienne de Silhouette (1709—1767), Comptroller General. His enemies produced drawings of him as a thin, featureless shape. These drawings were referred to as «silhouettes» and were meant to call attention to the fact that M. Silhoutte's policies were leaving the taxpayers shadows of their former selves.

A   Vous le savez déjà

1

C'est oui ou c'est non?
Il y a plusieurs façons d'accepter ou de refuser.
Cochez les cases correspondantes.

	1	2	3	4	5	6	7	8
a) j'accepte								
b) je refuse								

2

Vous rentrez à votre hôtel et vous trouvez cette carte:

Jacques Martin
41, Rue du Moulin
DIJON
Tél: 744899

Vous attend ce soir à la maison à 9 heures. Vous venez?

Que faites-vous?

  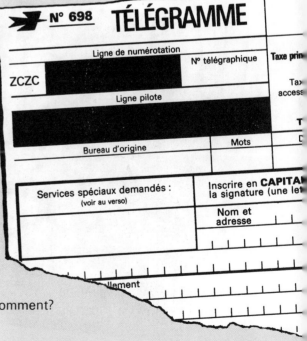

B   On dit

- Est-ce que vous fumez? A quel âge avez-vous commencé?
- Vous vous souvenez de votre première cigarette?
- Quand fumez-vous le plus?
- Combien de fois avez-vous déjà arrêté de fumer? Pourquoi?
  (Vous avez arrêté de fumer? Pourquoi?)
- On vous offre une cigarette: vous acceptez ou vous refusez? Comment?
- Qu'est-ce qui est marqué sur les paquets de cigarettes?

Un samedi soir. 2 jeunes,
- *Pierre, ouvrier spécialisé en mécanique*
- *Roger, maçon*

à la sortie d'un cinéma:

Pierre: Tu l'as aimé le film, toi?
Dis, tu ne veux pas prendre un café? Comme ça, on discute 5 minutes.

Roger: Ah non, pas ce soir. Il est déjà tard. Et demain on se lève tôt. N'oublie pas.

Pierre: Bon, alors, prends une cigarette, pour le retour!

Roger: Non, merci, mon vieux. Je ne fume plus.

Pierre: Non? C'est vrai, tu l'as gagné, ton pari?

Roger: Oui, tu vois, tout arrive.
Tout le monde me répète que c'est mauvais pour la santé...

Pierre: Ça, je veux bien le croire.

Roger: Et puis, comme j'ai promis à Michèle ... Tu comprends, je voudrais tenir bon ...

Pierre: Tu as raison.

Roger: Bon, alors on se retrouve demain chez moi à 8 heures?

Pierre: D'accord!

Roger: Allez, bonsoir!

Ne fumez pas
n'enfumez plu
merci...

Sans tabac prenons la vie à pleins poumons.

*La loi du 9 juillet 1976 prévoit l'interdiction de fumer dans les locaux et véhicules à usage collectif.

Comité français d'Education pour la Santé, 9 Rue Newton – 75116 PARIS

Jean NICOQ

CONNAISSEZ-VOUS ...?

Nicotine → Jean Nicot, diplomate français, né à Nîmes (1530–1600). Il a apporté le tabac en France.

FAITS ET CHIFFRES

Au bureau de tabac, on peut acheter des cigarettes, du tabac, des journaux, des stylos, des cartes postales et des timbres-poste.

Consommation du tabac en France

→ Evolution en France en milliards de cigarettes:

1861: 7,4	1978: 83
1922: 8	1980: 85,7
1939: 15	1981: 85,4
1970: 65	1982: 86,4
	1983: 88

→ Nombre de fumeurs adultes
1970: 44%
1982: 38,6% (dont hommes: 51,3%)
1983: 40,8% (dont hommes: 50,4%)
Depuis 1976, 200000 Français ont cessé de fumer.

→ Nombre de cigarettes par habitant
France: 1600;   U.S.A.: 3384

→ Dépenses de publicité (pour 1000 habitants):
France: 100 F;

→ Part de l'impôt:
France: 72,6%;   U.S.A.: environ 32,2%

→ Opinions des Français:
Adultes, fumeurs et non-fumeurs: 71% disent que fumer est mauvais pour la santé.
Jeunes: 72% disent que fumer est un signe de faiblesse.

Source: Quid 1985

SUJET DE RÉFLEXION:

Pourquoi fume-t-on?

C   Vous dites

Ecoutez d'abord.
Lisez ensuite ce que dit François. Prenez le rôle de la deuxième personne au téléphone; préparez ce que vous voulez dire.
Vous connaissez déjà la situation (9, On dit) et les expressions (15, Vous le savez déjà).

François: Allô? Nicole? C'est François.
Nicole: ...
François: Oui, ça va. Enfin, si on veut. Je voudrais aller au théâtre à sept heures, mais j'ai un petit problème ...
Nicole: ...
François: Ma voiture m'a abandonné. Elle est en panne.
Dis, tu veux bien me prendre chez moi et me conduire?

Nicole: . . .
François: Tu es gentille. Tu veux monter prendre un
                 apéritif avant?
Nicole: . . .
François: On se retrouve à 6 heures?
Nicole: . . .
François: Je t'attends. Au revoir.

Les Français que boivent-ils?

En 1980 (dernières statistiques connues), ils ont bu en moyenne
    81 l de vin par habitant
    48 l d'eau minérale,
    44 l de bière,
    23 l de boissons rafraîchissantes:
     2,3 l de cidre,
    18,3 l de sirops,
     7,04 l de limonade,
     4,51 l de sodas,
     3,27 l de colas,
     2,26 l de tonics et de bitters,
     6,39 l de boissons aux fruits
     2,46 l de jus de fruits.

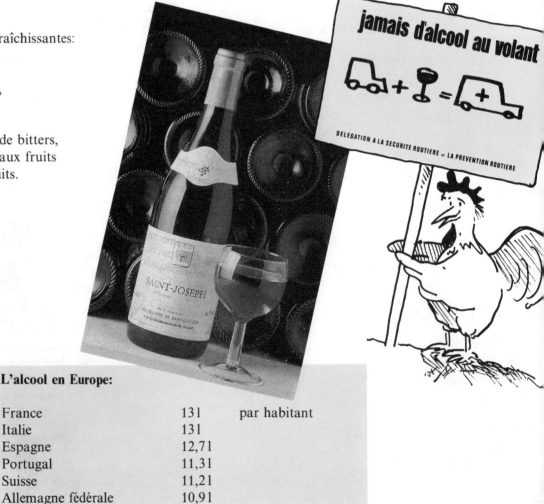

L'alcool en Europe:		
France	13 l	par habitant
Italie	13 l	
Espagne	12,7 l	
Portugal	11,3 l	
Suisse	11,2 l	
Allemagne fédérale	10,9 l	
Allemagne démocratique	10,2 l	

L'alcool coûte 85 millards de francs (frais d'accidents, d'hôpitaux etc.) par an à la France. Il rapporte 100 milliards de francs. Il fait vivre près de 5 millions de Français.

Source: Quid 1985

D Retenez bien

1 Expressing wishes; being invited to do something

Vous	voulez	bien	nous	prendre	et nous conduire au théâtre?
Tu	veux			monter	prendre un apéritif?
Tu	veux	bien	me	prendre	chez moi?
Tu ne	veux	pas		prendre	un café?

Je veux bien.
Je voudrais bien, mais ...

What do you notice about the placement of *me/nous* with *vouloir* and a following infinitive?

2

Tout le monde me répète que fumer est mauvais pour la santé.
Je veux bien **le** croire.

What does *le* refer to? Translate the sentences.

3

Read the sentences and translate them.
When do you use «bien»?

Bon, bon, d'accord.	C'est bien.
Bon, je vais avec vous.	Elle conduit bien.
J'ai vu un très bon film.	Je veux bien le croire.
C'est une bonne idée.	Vous voulez bien nous conduire au théâtre?
Je voudrais tenir bon.	Vous êtes bien gentille.
C'est bon!	Vous les connaissez bien?
	Je veux bien.

E   Un pas de plus

1

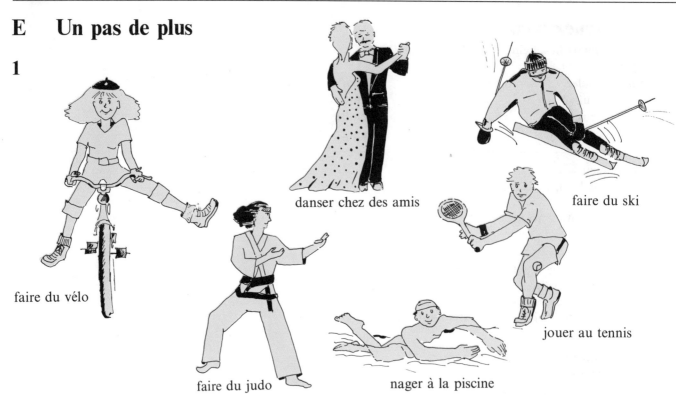

faire du vélo

faire du judo

danser chez des amis

nager à la piscine

faire du ski

jouer au tennis

Pour rester en forme, que faites-vous?

2

Voici une annonce prise dans un journal. Elle s'adresse à qui et pourquoi?

Bulletin de la M.G.E.N. (Mutuelle Générale de l'Education Nationale), mars 1983

A Vous le savez déjà

1

Vous circulez en voiture en France.
Observez bien ces panneaux de la circulation routière.

Classez-les.

Obligation/Interdiction	Autorisation

2

Vous êtes en voiture dans une ville française. Vous cherchez la gare. Dans la rue, vous demandez à un Français de vous expliquer comment y aller.

A l'aide de flèches, marquez votre itinéraire sur le plan.
Ecoutez bien:

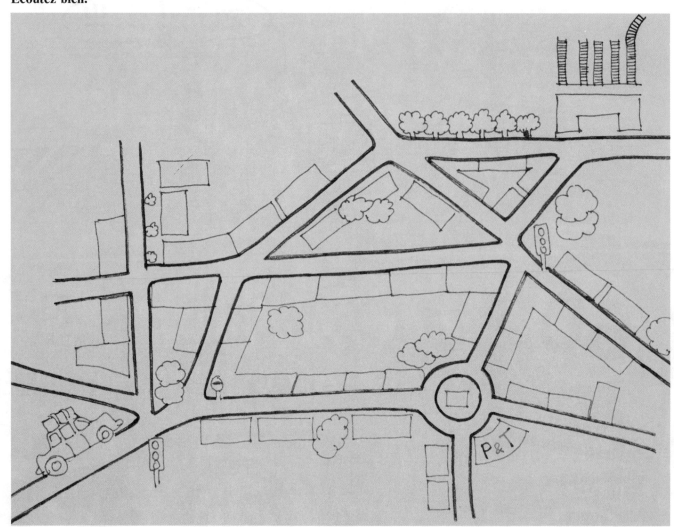

tourner à gauche

aller à pied

aller tout droit

tourner à droite

B   On dit

Dans un bureau de poste français. Une jeune femme
veut téléphoner. Elle se renseigne auprès de l'employé.

Dame: Monsieur, s'il vous plaît.
             Je dois téléphoner à Munich.
             Vous pourriez me donner l'indicatif de Mu-
             nich?
Employé: Oui, bien sûr.
             Attendez... Voilà, c'est le 089.
Dame: Merci.
Employé: Je vous en prie.

La dame va vers la cabine téléphonique.

*La dame sort de la cabine téléphonique, et revient vers
l'employé.*

Employé: Je peux vous aider, Madame?
Dame: Oui. Ça ne marche pas.
Employé: Ah, bon?
Dame: Non. J'ai fait tout le numéro, mais je n'avais
             pas de tonalité.
Employé: Vous permettez? Je peux voir votre nu-
             méro?...
             ... Ah, je vois. Vous avez fait deux erreurs:
             Pour l'étranger, vous devez faire l'indicatif
             19, au début, et pas le 16. Puis le 49 pour
             l'Allemagne fédérale.
             ... Et depuis la France, on ne doit pas faire
             le zéro, mais seulement le 89.
Dame: Ah, je ne savais pas! Merci.
Employé: Il n'y a pas de quoi. Essayez encore une
             fois!

C   Vous dites

Dame: Vous permettez? Je peux vous aider, Monsieur?

Monsieur: Vous êtes gentille, Madame, mais ça va aller. Merci.

(Au guichet de la gare SNCF)

Monsieur: Pardon, Monsieur!
Vous pourriez me donner les horaires des trains pour Strasbourg?

Employé: Mais, certainement. Voilà!

Monsieur: Merci.

Employé: A votre service, Monsieur!

(Au guichet de la poste. Il s'adresse à une employée.)

Monsieur: Excusez-moi: je dois envoyer un télégramme à Grenoble. Vous pouvez me dire le code postal de l'Isère?

Employée: Une minute, Monsieur.
On vous cherche ça!

Monsieur: Bien, Madame, j'attends.

L'alphabet du téléphone

A comme Anatole	H comme Henri	O comme Oscar	V comme Victor
B comme Berthe	I comme Irma	P comme Pierre	W comme William
C comme Célestin	J comme Joseph	Q comme Quintal	X comme Xavier
D comme Désiré	K comme Kléber	R comme Raoul	Y comme Yvonne
E comme Eugène	L comme Louis	S comme Suzanne	Z comme Zoé.
F comme François	M comme Marcel	T comme Thérèse	
G comme Gaston	N comme Nicolas	U comme Ursule	

Eric Gurney, *How to live with a calculating cat*
Copyright: Prentice Hall Inc.

Imaginez un dialogue entre le chien et le chat. Servez-vous des mots suivants:
avoir faim, pouvoir, aider, vouloir, manger, monter, ouvrir, attendre, aimer; fruits, table, bouche, idée, plaisir; content, gentil(le), bon(ne); certainement, pourquoi pas

Que disent-ils?

D   Retenez bien

1   Making requests/reacting to a request

Vous pouvez	**me**	dire le code postal de ...?
Vous pourriez	**me**	donner l'indicatif de ...?
On	**vous**	cherche ça.

2

Je **t**'ai écrit.
Elle **lui** a demandé l'indicatif.
Il **nous** a donné son adresse.
Je **vous** ai envoyé une lettre.
On **leur** a téléphoné.

Compare these object pronouns with those in Lesson 15.
What difference do you find?

Attention: attendre qn. = wait for someone

3   Asking if someone can or may do something

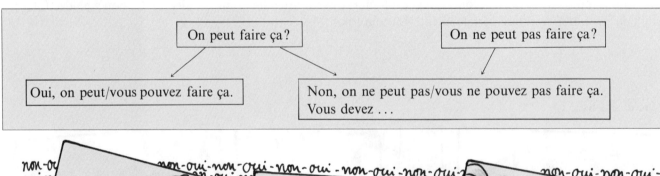

On peut faire ça?   On ne peut pas faire ça?

Oui, on peut/vous pouvez faire ça.   Non, on ne peut pas/vous ne pouvez pas faire ça.
Vous devez ...

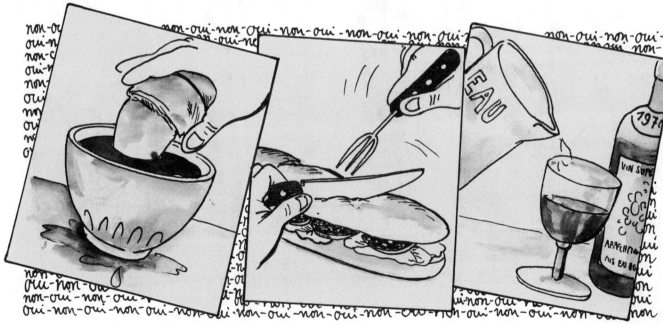

E   Un pas de plus

Vous voulez passer vos vacances en Bretagne.

a)

Vous avez trouvé une maison à louer pour vous et votre famille.
Vous téléphonez pour réserver la maison, mais vous entendez:
«Vous êtes chez Monsieur Caradec à Roscoff. Nous sommes absents pour la journée.
Vous pouvez laisser un message. Au signal vous pouvez parler pendant une minute. A vous!»

Vous êtes surpris(e).
Vous décidez de téléphoner une nouvelle fois et vous préparez le message que vous allez dire:

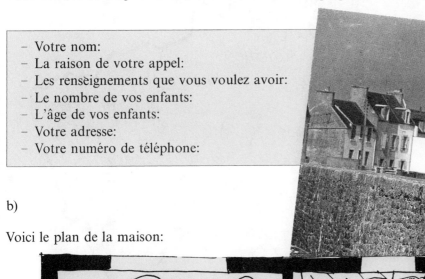

- Votre nom:
- La raison de votre appel:
- Les renseignements que vous voulez avoir:
- Le nombre de vos enfants:
- L'âge de vos enfants:
- Votre adresse:
- Votre numéro de téléphone:

b)

Voici le plan de la maison:

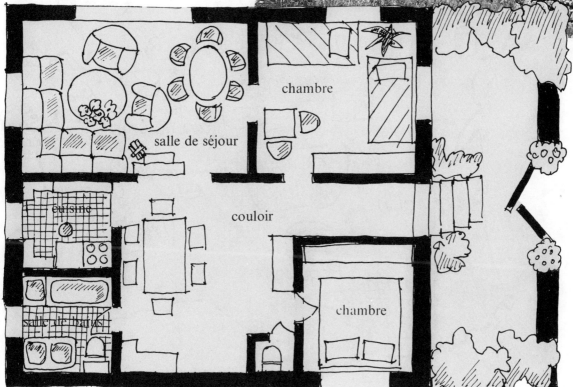

- Est-ce que la maison vous plaît? Pourquoi/pourquoi pas?
- Qui va dormir dans quelle chambre?
- Où allez-vous prendre vos repas?

Bien manger

A   Vous le savez déjà

Fromages ...

Quels fromages connaissez-vous?
Savez-vous quels fromages sont faits avec le lait de vache/chèvre/brebis?

»Un dessert sans fromage est une belle à qui il manque un œil.« (Brillat-Savarin, 1755–1826)

... *et vins*

Quels vins français connaissez-vous?
D'où viennent-ils?
Que savez-vous de ces régions (villes, départements, fleuves, curiosités, climat)?

> »Un repas sans vin
> est une journée sans soleil.«

Quel vin boire à table?

1) poissons, huîtres	a) vins rouges bouquetés, fruités et pas trop corsés
2) entrées	b) grands vins rouges
3) viandes et volailles	c) vins blancs secs, vins rosés
4) fromages	d) champagne demi-sec/vin mousseux
5) desserts	e) vins blancs liquoreux, champagne demi-sec
6) fruits	f) vins blancs secs, champagne brut
7) salades	g) pas de vin

Restaurant Au rendez-vous des Amis

MENU 46F

Assiette de crudités
ou Filet de hareng

—

Rôti de porc
Haricots verts

—

Fruits

MENU 75F

Pâté de campagne
ou Poireau vinaigrette
ou Potage au cresson

—

Faux-filet
ou Entrecôte grillée
ou Coq au vin
ou Lapin chasseur

—

Petits pois
ou Haricots verts
ou Gratin dauphinois
ou Frites

—

Plateau de fromages

—

Crème caramel
ou Mousse au chocolat
ou Tarte maison

32F **MENU ENFANT**

Salade de tomates

—

Jambon blanc
Frites

—

Crème caramel
ou Mousse au chocolat
(réservé aux moins de 13 ans)

— Service compris —

B   On dit

Madame Lefort, coiffeuse, et Madame Balin, employée, vont ensemble au marché.

Mme Lefort: Alors, cette idée de menu pour vos invités de ce soir, vous l'avez?

Mme Balin: Oui, je crois. Je veux leur faire un potage en entrée, ensuite de la sole, un choix de fromages, et comme dessert, une génoise. Mais j'ai perdu ma recette de gâteau ...

Mme Lefort: Tout ça? Ça va vous demander un temps fou pour le préparer!

Mme Balin: Oui, je sais. Mais ... des amis allemands ... Nous les recevons pour la première fois. Vous comprenez, ils attendent un bon repas français.

Mme Lefort: Non, croyez-moi, ne leur faites pas des choses compliquées! Moi, je vous conseille une fondue bourguignonne, avec une salade aux noix, du fromage, et des fruits. En plus, c'est la saison. Et tout ça arrosé d'un bon bourgogne!

Mme Balin: C'est une idée.

Mme Lefort: Et puis comme ça vous pouvez rester avec vos invités pendant tout le dîner. Une soirée agréable, pour vous c'est important aussi, non?

Mme Balin: C'est vrai. Encore merci. A demain!

FAITS ET CHIFFRES

Que pensent les Français de la gastronomie?
30 % des Français pensent que la gastronomie est un des grands plaisirs de la vie, 51 % un plaisir sans plus, 18 % ne s'y intéressent pas, 1 % ne savent pas.

Quels plats préfèrent-ils?
13 % aimeraient lors d'un bon repas manger de la langouste, du homard ou des fruits de mer, 11 % du poisson, 10 % du gigot, 8 % une autre viande, 7 % un plat étranger (paella, méchoui), 6 % un rôti de bœuf, 6 % un plat régional (choucroute), 6 % une volaille, 4 % du gibier, 8 % d'autres plats, 14 % ne répondent pas.

Apprécient-ils la cuisine française?
77 % pensent que la France est le pays où l'on mange le mieux. Les autres pays où l'on mange bien: l'Italie 26 %, la Suisse 21 %, l'Espagne 12 %, l'Allemagne fédérale 10 %, la Belgique 8 %; ceux où l'on mange le plus mal: la Grande Bretagne 45 % et les Etats-Unis 15 %.
(D'après un sondage Gallup-Express)

Source: Quid 1985

LE MATIN

L'art de recevoir chez soi
Les grands restaurants et les bistrots ont encore de beaux jours devant eux, mais il est vrai qu'on assiste actuellement à un phénomène nouveau: le retour chez soi. De plus en plus, on aime se retrouver avec des amis en vase clos, dans une ambiance familiale. Mais recevoir à la maison n'est pas si facile de nos jours, car, pour la femme qui travaille c'est un métier qui s'ajoute. La solution: rusticité, simplicité et ... plat unique. (...)

Extrait de Le matin, 6 novembre 1981

SUJET DE RÉFLEXION:

Est-ce que les repas jouent un rôle important dans la vie familiale?

C Vous dites

Madame Balin chez le boucher

Boucher: Alors, Madame Balin, qu'est-ce qu'il y a au menu aujourd'hui?

Mme Balin: Je reçois des amis. Je veux leur faire une fondue Bourguignonne. Conseillez-moi. Cette viande-là, je peux la prendre?

Boucher: Oh non, ne la prenez pas. Elle est fraîche – pour la fondue Bourguignonne, la viande doit être très tendre, bien reposée. C'est très important! Tenez, voilà une bonne viande.

Mme Balin: Vous pouvez m'en préparer pour six personnes ... avec un solide appétit?

Boucher: Certainement. Mais ne la laissez pas au frigidaire jusqu'au moment du repas. Sortez-la une demi-heure avant. Et faites bien chauffer l'huile!

Mme Balin: Merci du conseil.

Boucher: Voilà, Madame Balin. Et bon appétit!

D   Retenez bien

Advising someone what to do or not to do

Ils sont en retard.	*Ne* **les**	Attendez-**les**!
		attendez *pas*.
La viande est très bonne.		Prenez-**la**!
Mais elle est trop fraîche.		*Ne* **la** prenez *pas*.

Mes invités arrivent ce soir.	– Je **vous** conseille:
	Faites-**leur** un bon repas, mais
	ne **leur** faites pas des choses compliquées.
Il n'est pas encore là.	Téléphone-**lui**!
	– Ne **lui** téléphone pas, il va bientôt arriver.

In which form of the imperative, positive or negative, is the order of object pronoun and verb the same as in English?

E   Un pas de plus

1

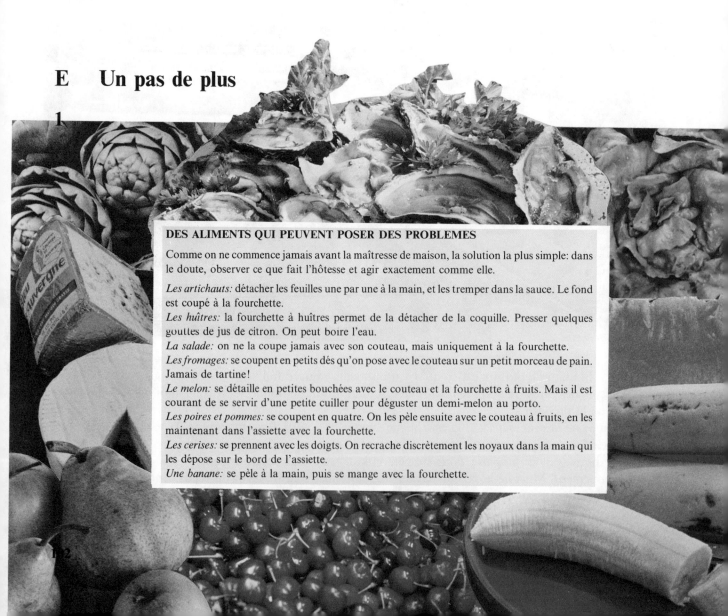

DES ALIMENTS QUI PEUVENT POSER DES PROBLEMES

Comme on ne commence jamais avant la maîtresse de maison, la solution la plus simple: dans le doute, observer ce que fait l'hôtesse et agir exactement comme elle.

Les artichauts: détacher les feuilles une par une à la main, et les tremper dans la sauce. Le fond est coupé à la fourchette.
Les huîtres: la fourchette à huîtres permet de la détacher de la coquille. Presser quelques gouttes de jus de citron. On peut boire l'eau.
La salade: on ne la coupe jamais avec son couteau, mais uniquement à la fourchette.
Les fromages: se coupent en petits dés qu'on pose avec le couteau sur un petit morceau de pain. Jamais de tartine!
Le melon: se détaille en petites bouchées avec le couteau et la fourchette à fruits. Mais il est courant de se servir d'une petite cuiller pour déguster un demi-melon au porto.
Les poires et pommes: se coupent en quatre. On les pèle ensuite avec le couteau à fruits, en les maintenant dans l'assiette avec la fourchette.
Les cerises: se prennent avec les doigts. On recrache discrètement les noyaux dans la main qui les dépose sur le bord de l'assiette.
Une banane: se pèle à la main, puis se mange avec la fourchette.

Un pas de plus

2

Voici une recette de cuisine française. Lisez-la bien:

Soupe de Moules au Safran

(Pour 5 personnes)

– Préparez et nettoyez bien 3 litres de moules.
– Mettez dans une grande casserole Ioo g d'oignons coupés fins, mélangés avec Ioo g de beurre. Faites cuire légèrement.
– Ensuite, ajoutez les moules, un demi-litre de vin blanc sec, une petite branche de thym et la moitié d'une feuille de laurier.
– Recouvrez la casserole, et faites cuire à feu vif pendant 5 minutes.
– Versez le jus de la cuisson dans un pot assez haut. Le sable des moules va se déposer au fond du pot.
– Enlevez les coquilles et la «barbe» des moules.
– Versez à nouveau le jus de la cuisson dans la casserole.
  Ajoutez un demi litre de crème fraîche, une pointe de couteau de safran en poudre. Faites bouillir quelques minutes.
– Ajoutez une pointe de beurre.
  Les moules sont naturellement salées. Contrôlez l'assaisonnement (sel, poivre, etc.).
– Enfin, ajoutez Ioo g de carottes et 100 g de céleri cuits à l'eau, et les moules.
– Servez bien chaud, avec quelques brins de cerfeuil.

Vous avez bien compris? Vérifiez: Notez ce qu'il vous faut pour préparer cette soupe.

Quels produits?	Quelle quantité?
– des moules	3 litres
– du beurre	100 g
–	
–	
–	
–	

A   Vous le savez déjà

a) Trouvez les répliques correspondantes.

1	Il y a beaucoup de bruit ici!	A	Moi, je la trouve idiote.
2	Mais, arrêtez-donc de fumer, enfin!…	B	Ça, c'est vrai, ce n'est pàs gai.
3	Je voudrais bien regarder le film à la télévision, papa!	C	Je trouve aussi; on ne s'entend plus!
4	Alors, vous ne la trouvez pas bonne, ma tarte?	D	Vous avez raison, je m'arrête.
5	Qu'est-ce que c'est triste ici!	E	Non, pas vraiment; elle est trop sèche.
6	Ça alors! Elle veut aller danser maintenant!	F	Un film? Et quoi encore? Pas question; on va dormir!
7	Ah, le Kénya…! Formidable, non?	G	Au bal? Ça lui fait plaisir? Pourquoi pas?
8	J'aime bien cette musique…	H	Vous croyez? Moi, je ne sais pas. Renseignez-vous bien!

b) Les répliques expriment-elles l'accord ou le désaccord?

	Accord	Désaccord
1	C	
2		
3		
4		

	Accord	Désaccord
5		
6		
7		
8		

B   On dit

Vous êtes invité(e) dans une famille française.
On vous demande ce que vous voulez faire pendant votre séjour.
Qu'est-ce que vous répondez?

Maintenant, écoutez l'enregistrement.

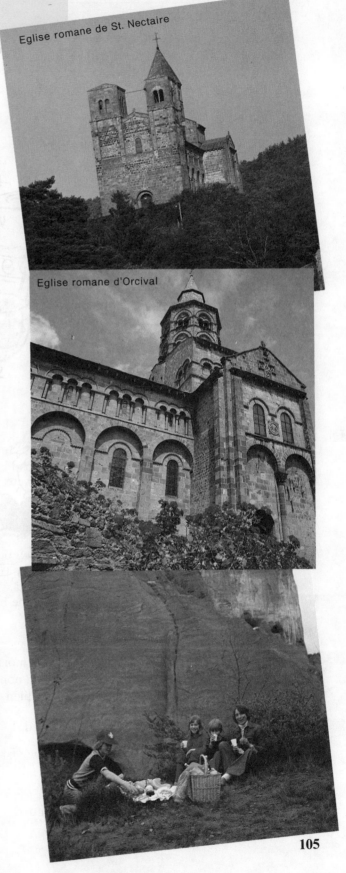

Eglise romane de St. Nectaire

Eglise romane d'Orcival

Mme Balin: Jacques, tu te souviens, la correspondante de Martine, Sigrid, arrive avec ses parents vendredi soir.

M. Balin: Ah oui, c'est vrai. Les Miller vont bientôt être là.

Mme Balin: Pour dimanche, qu'est-ce qu'on fait?

M. Balin: Je ne sais pas, moi … Ah, si. Attends. C'est la Foire-Exposition à Clermont-Ferrand. On peut y aller. On part d'ici en fin de matinée, on y arrive pour le déjeuner, on fait un tour dans l'exposition. Et après, peut-être une visite de la cathédrale, et on rentre en fin d'après-midi.

Mme Balin: Tu veux vraiment déjeuner là-bas? Dans ce monde et ce bruit? Oh non, pas ça, je t'en prie! Je voudrais du calme. Moi j'ai envie d'aller à la campagne.

M. Balin: Tu n'as pas une autre idée? Qu'est-ce que tu veux faire d'autre?

Mme Balin: Tu as entendu la météo? On va avoir du beau temps, c'est sûr! Alors pourquoi pas le Parc des Volcans? Et peut-être aussi une ou deux églises romanes … Orcival, Saint-Nectaire? On peut y faire un bon pique-nique. Ça va faire du bien à tout le monde, le grand air!

M. Balin: Les Miller aiment marcher?

Mme Balin: D'après Martine, ils adorent ça. Et les églises aussi. Et ils ont peut-être envie de se détendre.

M. Balin: Bon, d'accord, je veux bien. On va le leur proposer.

C   Vous dites

La semaine suivante. Madame Balin et sa fille Martine dans la cuisine. Madame Balin en train de préparer un repas.

Mme Balin: Martine, je voudrais inviter les Ducret avec les Miller, dimanche soir. Ils sont sympathiques . . . Tu es là, n'est-ce pas?

Martine: Oh non, Maman. Pas dimanche. Je veux aller danser. J'ai déjà promis à Youssef. On va aller au K 7.

Mme Balin: Seuls? Et un dimanche soir? Non, pas question!

Martine: Oh, écoute! J'ai envie de sortir un peu de temps en temps. J'ai envie de respirer, moi aussi! Qu'est-ce qu'il y a? Tu n'aimes pas les Tunisiens maintenant?

Mme Balin: Mais non! C'est pas ça. Nous, on aime bien Youssef. Mais . . .

Martine: Mais quoi?

Mme Balin: Tu vas passer ton C.A.P.[1]) dans deux mois. Lundi matin, tu vas dormir en cours au lycée. Tu peux y aller un samedi soir, au bal, non? Et puis, à quinze ans, sortir seule le soir . . . Tu n'y penses pas! Avec Sigrid, encore, je veux bien. Mais qu'est-ce que vont penser les Miller?

Martine: Sigrid? Oh, elle est toujours d'accord.

Mme Balin: Et à Papa, tu le lui as dit?

Martine: Non, pas encore.

Mme Balin: Bon, alors va d'abord le lui demander.

[1]) certificat d'aptitude professionnelle

FAITS ET CHIFFRES

Combien y a-t-il d'étrangers en France?

Au 31.12.1982, il y avait environ 4.300000 étrangers en France (8% de la population).

Portugais	859.438	Tunisiens	193.203
Algériens	816.873	Turcs	118.073
Italiens	452.035	Yougoslaves	67.764
Marocains	444.472	Polonais	66.317
Espagnols	412.542	Belges	62.368

50,45% sont des hommes, 28,53% des femmes, 21,02% des enfants de moins de 16 ans.

Source: Quid 1985

Harlem Désir, founder of the
S.O.S. racisme movement, whose
slogan is "Touche pas à mon pote"
(Hands off my friend)

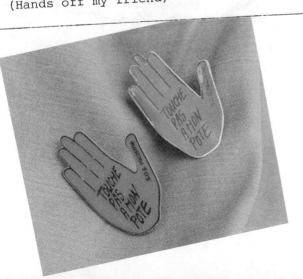

D Retenez bien

1

C'est la Foire-Exposition **à** Clermont-Ferrand.	Nous **y** allons demain.
On va **dans** le Parc des Volcans?	On peut **y** faire un bon pique-nique.
Nous sommes actuellement **en** Bretagne/**sur** la Côte d'Azur.	Nous **y** restons trois semaines.
Vous allez **au** cinéma ce soir?	Non, je n'**y** vais pas. Demain, peut-être.
Tu penses **au** pique-nique?	Oui, j'**y** pense, bien sûr.

Translate the sentences. What do you notice about translating *y*?
What can you avoid by using *y*?

Describe the placement of *y*.

2

On va *le* **leur** demander.
Tu *le* **lui** as dit?
Va-*le*-**lui** demander.

What does *le* refer to? Look in «On dit» and «Vous dites» for similar sentences.
Describe the placement of *lui* and *leur*.

E Un pas de plus

Vous voulez passer vos vacances en France, avec des amis français.

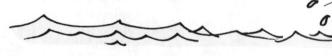

Ecrivez-leur

– ce que vous (ou votre famille) attendez des vacances (calme, repos, détente; activités, excursions, visites, sport, promenades, sorties, etc.)
– où vous voulez aller (mer, montagne, campagne)
– quelle sorte de logement vous préférez (hôtel, camping, appartement à louer)
– la période de vos vacances
– que vous attendez une réponse à votre proposition.
N'oubliez pas votre adresse, la date et la formule de politesse (voir ci-dessous).

POUR ECRIRE UNE LETTRE

On écrit à des amis (ou des parents): On écrit à d'autres personnes:

Comment commencer la lettre

Cher ami, Chère amie, Chers amis,
Cher Yves, Mon cher Yves,
Chère Françoise, Ma chère Françoise,

Messieurs,
Monsieur, Cher Monsieur,
Madame, Mademoiselle . . . Chère Madame.

Comment remercier quelqu'un

Merci
Je te remercie   pour   ta   belle carte
Je vous remercie   votre gentille lettre.

Nous vous remercions de votre lettre du 15 février.

Comment demander quelque chose

Peux-tu   me dire pourquoi...?
*   m'envoyer l'adresse de...?*
Envoie-moi l'adresse de...
Réponds-moi vite!

Pouvez-vous   me dire...?
Pourriez-vous
Je vous prie de   m'envoyer...

Je voudrais aller en France.
        savoir   comment...
                  où...
                  quand (à quelle heure)...
                  quel (quelle) est...
                  quels (quelles) sont...
                  combien...

Comment finir la lettre

Bonjour à tes parents.
Donne-moi de tes nouvelles.
A bientôt.
Amitiés.
Bons baisers.
Je t'embrasse.

Agréez,
Je vous prie d'/Veuillez agréer, Monsieur,
l'expression de mes sentiments distingués.

Extrait de METHODE ORANGE 2,
© Hachette, Paris

Bon anniversaire!

A   Vous le savez déjà

1

Ecoutez attentivement les expressions suivantes et dites si elles expriment

a) le doute
b) la probabilité
c) la déception
d) la résignation.

	1	2	3	4	5	6	7	8	9	10	11	12	13	14	15	16	17	18
a)																		
b)																		
c)																		
d)																		

2

Qu'est-ce qu'on peut répondre?

1. Elle va aimer ce cadeau?
2. 70 ans, cette femme?
3. Pas de promenade: ma voiture est en panne!
4. Paul n'a pas réussi à son examen.

B   On dit

L'anniversaire de votre mère/père, c'est quand?
Vous faites des cadeaux?
Vous fêtez votre anniversaire? Comment?
Posez aussi ces questions à votre voisin(e).

On vous fait un cadeau, mais vous l'avez déjà.
Que dites/faites-vous?

You already know Marc and Philippe (Leçon 8, «Vous dites»). Now listen to the tape and figure out how many parts it has. Try after the first hearing to give each part a title.

Annie et Martine sont les petites amies de Marc et Philippe.

Annie: C'est bien l'anniversaire de Philippe samedi? Qu'est-ce que tu vas lui offrir?
Martine: Je ne sais pas. Tu as une idée?
Annie: Dis-moi, il joue probablement au tennis?
Martine: Oh oui, il adore ça!
Annie: Eh bien, s'il aime le tennis, achète-lui une raquette!
Martine: C'est une bonne idée! Mais ... ce n'est pas trop cher?

Annie: Non, je ne crois pas. Il y a tous les prix. Mais il n'en veut peut-être pas.
Martine: Dommage! Et un sac de sport? ... Oh attends, il aime lire aussi!
Annie: Alors pourquoi pas un livre?
Martine: Oui, mais écoute, si nous allons dans un grand magasin de sport, nous avons plus de choix. Tu viens avec moi?
Annie: D'accord, j'ai le temps.

Dans le magasin: les deux jeunes filles et le vendeur.

Vendeur: Mesdemoiselles, vous désirez?
Annie: Nous cherchons un cadeau pour un ami.
Vendeur: Quel genre?
Martine: Un livre sur le tennis par exemple.
Vendeur: Tenez, voilà le dernier paru. Il est très bon.
Martine: Bon, je le prends. J'espère qu'il va lui plaire ...
Vendeur: Oh, s'il aime le tennis, ça va sans doute lui plaire. Et s'il l'a déjà, venez l'échanger. Mais gardez bien le ticket.

ENFIN, BÉBÉ EST LÀ!

Il n'a pas de dents
et a peu de cheveux,

Heureux Anniversaire
Joie, bonheur,
réussite.

Sincères
félicitations
à l'occasion de votre
Mariage

Calendar

JANVIER
☉ 7 h 46 à 16 h 03

1	M	JOUR de l'AN
2	J	S. Basile
3	V	S⁀Geneviève ☾
4	S	S. Odilon
5	D	Epiphanie
6	L	S. Melaine
7	M	S. Raymond
8	M	S. Lucien
9	J	Se Alix
10	V	S. Guillaume ●
11	S	S. Paulin
12	D	Se Tatiana
13	L	Se Yvette
14	M	Se Nina
15	M	S. Remi
16	J	S. Marcel
17	V	Se Roseline ☽
18	S	Se Prisca
19	D	S. Marius
20	L	S. Sébastien
21	M	Se Agnès
22	M	S. Vincent
23	J	S. Barnard
24	V	S. Fr. de Sales
25	S	Conv. S.Paul
26	D	Se Paule
27	L	Se Angèle
28	M	S. Th. d'Aquin
29	M	S. Gildas
30	J	Se Martine
31	V	Se Marcelle

FÉVRIER
☉ 7 h 23 à 16 h 46

1	S	Se Ella
2	D	Présentation ☾
3	L	S. Blaise
4	M	Se Véronique
5	M	Se Agathe
6	J	S. Gaston
7	V	Se Eugénie
8	S	Se Jacqueline
9	D	Se Apolline ●
10	L	S. Arnaud
11	M	Mardi-Gras
12	M	Cendres
13	J	Se Béatrice
14	V	S. Valentin
15	S	S. Claude
16	D	Carême ☽
17	L	S. Alexis
18	M	Se Bernadette
19	M	S. Gabin
20	J	Se Aimée
21	V	S. P. Damien
22	S	Se Isabelle
23	D	S. Lazare
24	L	S. Modeste ☽
25	M	S. Romeo
26	M	S. Nestor
27	J	Se Honorine
28	V	S. Romain

Epacte 19 / Lettre dominic. E
Cycle solaire 7 / Nbre d'or 11
Indiction romaine 9

MARS
☉ 6 h 35 à 17 h 32

1	S	S. Aubin
2	D	S. CharlesleB.
3	L	S. Guénolé ☾
4	M	S. Casimir
5	M	S. Olive
6	J	Se Colette
7	V	Se Félicité
8	S	S. Jean de D.
9	D	Se Françoise
10	L	S. Vivien ●
11	M	Se Rosine
12	M	Se Justine
13	J	S. Rodrigue
14	V	Se Mathilde
15	S	Se LouisedeM.
16	D	Se Bénédicte
17	L	S. Patrice
18	M	S. Cyrille ☽
19	M	S. Joseph
20	J	PRINTEMPS
21	V	Se Clémence
22	S	Se Léa
23	D	Rameaux
24	L	Se Cath.deSu.
25	M	Annonciation
26	M	Se Larissa ☽
27	J	S. Habib
28	V	S. Gontran
29	S	Se Gwladys
30	D	PAQUES
31	L	S. Benjamin

AVRIL
☉ 5 h 31 à 18 h 20

1	M	S. Hugues ☾
2	M	Se Sandrine
3	J	S. Richard
4	V	S. Isidore
5	S	Se Irène
6	D	S. Marcellin
7	L	S. J.-B. de la S.
8	M	Se Julie
9	M	S. Gautier ●
10	J	S. Fulbert
11	V	S. Stanislas
12	S	S. Jules
13	D	Se Ida
14	L	S. Maxime
15	M	S. Paterne
16	M	S. Benoît-J.
17	J	S. Anicet ☽
18	V	S. Parfait
19	S	Se Emma
20	D	Se Odette
21	L	S. Anselme
22	M	S. Alexandre
23	M	S. Georges
24	J	S. Fidèle ☽
25	V	S. Marc
26	S	Se Alida
27	D	Jour du Souv.
28	L	Se Valérie
29	M	Se Catherine
30	M	S. Robert

MAI
☉ 4 h 32 à 19 h 04

1	J	FÊTE du TRAV.
2	V	S. Boris
3	S	SS. Phil., Jacq.
4	D	S. Sylvain
5	L	Se Judith
6	M	Se Prudence
7	M	Se Gisèle
8	J	ASC. / ARM. 45 ●
9	V	S. Pacôme
10	S	Se Solange
11	D	Fête J.-d'Arc
12	L	S. Achille
13	M	Se Rolande
14	M	S. Matthias
15	J	Se Denise
16	V	S. Honoré
17	S	S. Pascal ☽
18	D	PENTECÔTE
19	L	S. Yves
20	M	S. Bernardin
21	M	S. Constantin
22	J	S. Emile
23	V	S. Didier ☽
24	S	S. Donatien
25	D	Fête des Mères
26	L	S. Bérenger
27	M	S. Augustin
28	M	S. Germain
29	J	S. Aymard
30	V	S. Ferdinand ☾
31	S	Visitation

JUIN
☉ 3 h 54 à 19 h 44

1	D	Fête-Dieu
2	L	Se Blandine
3	M	S. Kévin
4	M	Se Clotilde
5	J	S. Igor
6	V	S. Norbert
7	S	S. Gilbert ●
8	D	S. Médard
9	L	Se Diane
10	M	S. Landry
11	M	S. Barnabé
12	J	S. Guy
13	V	S. Antoine de P.
14	S	S. Elisée
15	D	Se Germaine ☽
16	L	S. J.F. Régis
17	M	S. Hervé
18	M	S. Léonce
19	J	S. Romuald
20	V	S. Silvère
21	S	ÉTÉ
22	D	S. Alban ☺
23	L	Se Audrey
24	M	S. Jean-Bapt.
25	M	S. Prosper
26	J	S. Anthelme
27	V	S. Fernand
28	S	S. Irénée
29	D	SS.Pierre,Paul ☾
30	L	S. Martial

Fonderie CASLON - Paris

JUILLET
☉ 3 h 53 à 19 h 56

1	M	S. Thierry
2	M	S. Martinien
3	J	S. Thomas
4	V	S. Florent
5	S	S. Antoine
6	D	Se Mariette
7	L	S. Raoul ●
8	M	S. Thibaut
9	M	Se Amandine
10	J	S. Ulrich
11	V	S. Benoît
12	S	S. Olivier
13	D	SS. Henri, Joël
14	L	F. NATIONALE ☽
15	M	S. Donald
16	M	N.D. Mt-Carmel
17	J	Se Charlotte
18	V	S. Frédéric
19	S	S. Arsène
20	D	Se Marina
21	L	S. Victor ☽
22	M	Se Marie-Mad.
23	M	Se Brigitte
24	J	Se Christine
25	V	S. Jacques
26	S	SS. Anne, Joa.
27	D	Se Nathalie
28	L	S. Samson ☾
29	M	Se Marthe
30	M	Se Juliette
31	J	S. Ignace de L.

AOUT
☉ 4 h 25 à 19 h 28

1	V	S. Alphonse
2	S	S. Julien-Ey.
3	D	Se Lydie
4	L	S. J.M.Vianney
5	M	S. Abel ●
6	M	Transfiguration
7	J	S. Gaétan
8	V	S. Dominique
9	S	S. Amour
10	D	S. Laurent
11	L	Se Claire
12	M	Se Clarisse
13	M	S. Hippolyte ☽
14	J	S. Evrard
15	V	ASSOMPTION
16	S	S. Armel
17	D	S. Hyacinthe
18	L	Se Hélène
19	M	S. JeanEudes ☽
20	M	S. Bernard
21	J	S. Christophe
22	V	S. Fabrice
23	S	Se Rose de L.
24	D	S. Barthélemy
25	L	S. Louis
26	M	Se Natacha
27	M	Se Monique ☾
28	J	S. Augustin
29	V	Se Sabine
30	S	S. Fiacre
31	D	S. Aristide

SEPTEMBRE
☉ 5 h 08 à 18 h 32

1	L	S. Gilles
2	M	Se Ingrid
3	M	S. Grégoire
4	J	Se Rosalie ●
5	V	Se Raïssa
6	S	S. Bertrand
7	D	Se Reine
8	L	Nativité N.D.
9	M	S. Alain
10	M	Se Inès
11	J	S. Adelphe ☽
12	V	S. Apollinaire
13	S	S. Aimé
14	D	La Se Croix
15	L	S. Roland
16	M	Se Edith
17	M	S. Renaud
18	J	Se Nadège
19	V	Se Emilie
20	S	S. Davy
21	D	S. Matthieu ☽
22	L	S. Maurice
23	M	AUTOMNE
24	M	Se Thècle
25	J	S. Hermann
26	V	SS.Côme,Dam. ☾
27	S	S. Vinc. de Paul
28	D	S. Venceslas
29	L	S. Michel
30	M	S. Jérôme

OCTOBRE
☉ 5 h 51 à 17 h 29

1	M	Se Th.del'E.J.
2	J	S. Léger
3	V	S. Gérard
4	S	S. Fr. d'Assise
5	D	Se Fleur
6	L	S. Bruno
7	M	S. Serge
8	M	Se Pélagie
9	J	S. Denis
10	V	S. Ghislain ☽
11	S	S. Firmin
12	D	S. Wilfried
13	L	S. Géraud
14	M	S. Juste
15	M	Se Th. d'Avila
16	J	Se Edwige
17	V	S. Baudouin ☽
18	S	S. Luc
19	D	S. René
20	L	Se Adeline
21	M	Se Céline
22	M	Se Elodie
23	J	S. Jean de C.
24	V	S. Florentin
25	S	S. Crépin ☾
26	D	S. Dimitri
27	L	Se Emeline
28	M	SS. Sim., Jude
29	M	S. Narcisse
30	J	S. Bienvenue
31	V	S. Quentin

NOVEMBRE
☉ 6 h 38 à 16 h 30

1	S	TOUSSAINT
2	D	Défunts ●
3	L	S. Hubert
4	M	S. Charles
5	M	Se Sylvie
6	J	Se Bertille
7	V	Se Carine
8	S	S. Geoffroy
9	D	S. Théodore
10	L	S. Léon
11	M	ARMISTICE 1918
12	M	S. Christian
13	J	S. Brice
14	V	S. Sidoine
15	S	S. Albert
16	D	Se Marguerite ☾
17	L	Se Elisabeth
18	M	Se Aude
19	M	S. Tanguy
20	J	S. Edmond
21	V	Prés. de Marie
22	S	Se Cécile
23	D	S. Clément
24	L	Se Flora ☾
25	M	Se Catherine L.
26	M	Se Delphine
27	J	S. Séverin
28	V	S. Jacq.delaM.
29	S	S. Saturnin
30	D	Avent

DÉCEMBRE
☉ 7 h 24 à 15 h 55

1	L	Se Florence ●
2	M	Se Viviane
3	M	S. Xavier
4	J	Se Barbara
5	V	S. Gérald
6	S	S. Nicolas
7	D	S. Ambroise
8	L	Imm. Concept. ☽
9	M	S. P. Fourier
10	M	S. Romaric
11	J	S. Daniel
12	V	Se Jeanne F.C.
13	S	Se Lucie
14	D	Se Odile
15	L	Se Ninon
16	M	Se Alice ☽
17	M	S. Gaël
18	J	S. Gatien
19	V	S. Urbain
20	S	S. Abraham
21	D	S. Pierre C.
22	L	HIVER
23	M	S. Armand
24	M	Se Adèle ☾
25	J	NOËL
26	V	S. Etienne
27	S	S. Jean
28	D	SS. Innocents
29	L	S. David
30	M	S. Roger
31	M	S. Sylvestre ●

Fonderie CASLON - Paris

Imprimé par EXDI - 6, rue Racine - 75006 PARIS - Tél. (1) 329.35.25

C   Vous dites

Philippe et Marc, chez Philippe, parlent de son anniversaire.

Marc: Tu sais ce qu'elle t'offre, Martine?

Philippe: Non pas du tout. Peut-être un livre?

Marc: Eh bien, si tu ne sais pas, attends! Tu vas bien voir!

Philippe: J'aimerais bien une raquette.

Marc: Tu en as trois déjà! Mais après tout...

Philippe: Si j'ai un livre, c'est bien aussi.

Marc: Et si tu l'as?

Philippe: Je peux le donner à Jacques par exemple!

Marc: Tu crois? Si tu le donnes à Jacques, elle va le savoir tout de suite!

Philippe: Tu as raison.

Marc: Alors tu le gardes?

Philippe: Non bien sûr! S'il ne me plaît pas, je l'échange. Ou je paie la différence et j'ai ma raquette.

Et la fin de l'histoire?

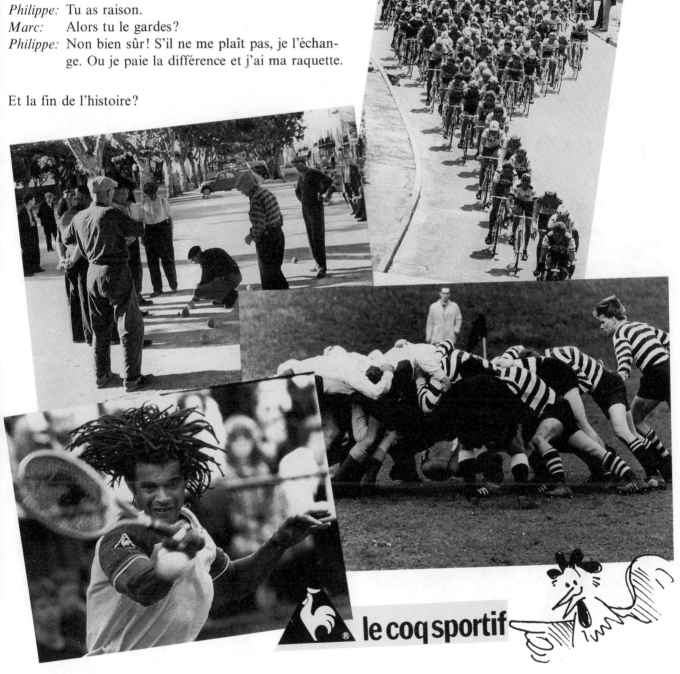

le coq sportif

D   Retenez bien

Stating a condition; indicating the result under certain conditions

Si nous *allons* dans un grand magasin de sport,	nous *avons* plus de choix.
Si le disque ne me *plaît* pas,	je l'*échange*.
S'il *a* déjà le livre,	*venez* l'échanger.
S'il *aime* le tennis,	*achète*-lui une raquette.
Si Philippe *aime* le tennis,	le livre *va* lui *plaire*.
Si tu le *donnes* à Jacques,	Martine *va* le *savoir* tout de suite.

Which tense is used in the *si* clause?
Which tense is used in the main clause?
Translate the sentences.

E   Un pas de plus

1

Le jeu du «Ni oui ni non»

● Divide up into several groups.
● Each group will prepare a list of questions to ask others in the class. The questions can be about
  – one's preferences, personal data
  – profession, job
  – free time activities
  – what one knows about France
● Now ask someone in another group the questions. He or she may not answer with yes or no – if that happens, the group loses. He or she should use expressions of doubt, possibility, apology, etc. (See also page 110).
● Then the answering group follows with their questions.

2

«Avec des si . . .»

- Ecrivez sur un papier un nombre de quatre chiffres de 0 à 9999.
- Mettez tous les papiers ensemble, mélangez-les.
- Un(e) participant(e) tire un papier au sort, donne le nombre et essaie de répondre à la question:

«Si 1 2 3, qu'est-ce que 4 fait?»

en consultant le tableau ci-dessous, par exemple

2–4–3–1 Si le médecin prend une baguette, qu'est-ce que sa voisine fait?

Si	1: un/une	2:	3: un/une	4: son/sa
0	général	acheter	voiture	voisin
1	femme	perdre	bouquet	femme de ménage
2	médecin	chercher	chapeau	chien
3	professeur	offrir	baguette	mère
4	homme	prendre	cheval	boucher
5	sportif	vouloir	dictionnaire	père
6	musicien	voler	tomate	coiffeur
7	paysan	donner	assiette	ami(e)
8	président	demander	parfum	chat
9	enfant	emporter	camembert	concierge

La pluie et le beau temps

A   Vous le savez déjà

B   On dit

Combien d'heures par jour regardez-vous la télévision?
Quelles émissions préférez-vous? Variétés, sport, débats, dessins animés, films, feuilletons, pièces de théâtre, émissions musicales, jeux?
Il vous arrive de regarder la télé après 23 heures?

Voudriez-vous avoir un magnétoscope (appareil pour enregistrer des émissions)? Pourquoi (pas)?

Michèle et Christiane sont infirmières dans un grand hôpital. Elles travaillent souvent de nuit. Au moment de la pause, devant une tasse de café, elles bavardent:

Michèle: Tu as vu le temps qu'il fait? Il neige sans arrêt et ça glisse! Déjà quatre fractures ce soir!
Christiane: Qu'est-ce que tu veux, c'est la saison. Mais il ne fait pas trop froid. Il est vrai qu'ici on n'a pas froid, au contraire!
Michèle: Tu as raison, moi j'ai toujours trop chaud!
Christiane: Tu as vu «Pépé le Moko» mardi soir à la télé?
Michèle: Tu sais bien que non! Rappelle-toi, nous avons été de garde ensemble. Pourquoi?
Christiane: Eh bien parce que, figure-toi, je l'ai vu chez Simone hier. Elle a acheté un magnétoscope et elle a voulu me le montrer. C'est tentant, tu sais. Je vais m'en acheter un peut-être.
Michèle: Je n'ai rien contre. Mais tu crois que ça vaut la peine? Je ne sais pas si c'est intéressant. Au prix que ça coûte. Tu penses, un mois de salaire!
Christiane: Je trouve que c'est pratique: pour enregistrer les émissions tardives, ou quand on n'est pas là, ou encore pour regarder une bonne cassette quand le programme à la télé n'est pas bon …
Michèle: Oui, pour ça, c'est peut-être bien. Pour rester chez soi quand il fait froid aussi …
Christiane: Simone trouve ça formidable!
Michèle: Tout nouveau, tout beau … C'est encore un gadget qu'on doit vite oublier dans son coin.

MAR TF1
17 AVRIL

20.35
MAGAZINE
LES MARDIS DE L'INFORMATION
par Alain Denvers
DIEN BIEN PHU TRENTE ANS APRÈS
UNE JOURNÉE D'ALEXEÏ KOVALEV
VOULEZ-VOUS CHANGER DE LOOK
ÉLECTIONS AUX PHILIPPINES

21.45
DANSE
SUITE FLAMENCA
par Antonio Gades et Christina Hoyos

A2

20.40
CINÉMA
L'ÉTOILE DU NORD
de Pierre Granier-Deferre
D'après le roman de Georges Simenon
avec
Simone Signoret
Philippe Noiret
Fanny Cottençon

22.40
LITTÉRATURE
LIRE C'EST VIVRE
de Pierre Dumayet
VOYAGE AU BOUT DES TÉNÈBRES
de Jean Rhys

FR3

20.35
CINÉMA
ASHANTI
de Richard Fleischer
avec

Peter Ustivov
Michael Caine
Omar Sharif
Rex Harrison
William Holden

MER TF1
13 AVRIL

20.30
FOOTBALL
FRANCE-RFA
MATCH INTERNATIONAL AMICAL
en direct de Strasbourg

22.15
FEUILLETON
DALLAS
LA LOI
avec
Barbara Bel Geddes
Larry Hagman
Linda Gray
Patrick Duffy
Victoria Principal
Charlene Tilton

A2

20.35
TÉLÉFILM
MAIGRET SE DÉFEND
de Georges Simenon
avec

Robert Manuel
Jean Richard
Élisabeth Margoni
Marcel Cuvelier

FR3

20.35
VARIÉTÉS
RING PARADE CADENCE 3
de Guy Lux et Lola Milcic
avec
Rika Zaraï
Annick Thoumazeau

22.20
TÉLÉFILM
DERNIER AMOUR
de Christian Alba
avec
Clémentine Amouroux
Ivry Gitlis
Victor Garrivier
Étienne Caudron

JEU TF1
19 AVRIL

20.35
SÉRIE
MARIE PERVENCHE

22.30
CINÉMA
LE SAUT DANS LE VIDE
de Marco Bellocchio

avec Michel Piccoli

A2

20.35
FEUILLETON
LA SAGA DU PARRAIN
de Francis Ford Coppola et Mario Puzo
Quatrième épisode
avec
Marlon Brando
Al Pacino
Robert Duvall
James Caan

21.30
L'HISTOIRE EN QUESTION
ALAIN DECAUX RACONTE
« SUEZ 1956 »

FR3

20.35
CINÉMA
LE SECRET
de Robert Enrico
avec

J.-Louis Trintignant
Marlène Jobert
Philippe Noiret
Jean-François Adam
Solange Pradel

VEN TF1
20 AVRIL

20.35
VARIÉTÉS
PORTE-BONHEUR
par Patrick Sabatier
avec
Yves Duteil
Gérard Lenorman
Mireille Mathieu
Jairo

21.50
DOCUMENT
HAROUN TAZIEFF RACONTE « SA » TERRE
Deuxième partie
LA MÉCANIQUE DE LA TERRE

A2

20.35
FEUILLETON
LA BAVURE
de Nicolas Ribowski
Premier épisode
avec
Raymond Pellegrin
Patrick Préjean
Jean-Claude Bourbault
Jeanne Goupil
Maurice Chevit

23.00
CINÉ-CLUB
LE HARPON ROUGE
d'Howard Hawks
avec
Edward G. Robinson
Zita Johann

FR3

20.35
VENDREDI
TSAHAL, LA FRONDE DE DAVID
document franco-hollandais de
Gideon Ganani et Ben Elkerbout

21.55
MAGAZINE
BLEU OUTRE-MER
LE GROENLAND
de Jean-Paul Dunan
VARIÉTÉS GUYANAISES
avec Sylviane Cédia

TÉLÉ 7 JOURS VOUS ANNONCE

FAITS ET CHIFFRES

2 Français sur 3 regardent la télé tous les jours, en tout 15,6 heures par semaine; hommes: 14 heures, femmes: 17 heures.

Une pièce de théâtre, un samedi soir, est vue par 15 millions de spectateurs en France. Il faudrait 30 ans de succès ininterrompu dans une grande salle parisienne pour avoir le même nombre. Un film du dimanche soir devrait «tourner» 10 ans pour atteindre le même public.

SUJET DE RÉFLEXION:

Quelle place est-ce que la télévision tient dans votre vie?

C   Vous dites

Avez-vous une caravane?
Pourquoi (pas)?

Les Marche ont invité Alain Berger et sa femme à venir voir leurs photos de vacances un samedi soir.

M. Berger:	Bah, quel temps! Il fait un froid de canard et il y a un de ces verglas!
M. Marche:	Entrez vite, ne prenez pas froid!
M. Berger:	Volontiers, je n'ai pas chaud. Hm, il fait bon ici!
Mme Berger:	Tu as raison, ça fait du bien!
M. Berger:	Alors, ces photos de vacances, elles sont réussies?
Mme Marche:	On va vous les montrer. Le soleil de cet été va peut-être nous réchauffer.

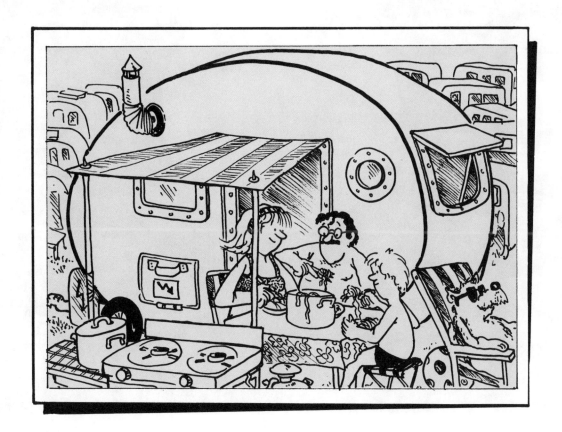

Mme Berger: Et vous avez été satisfaits de votre séjour?

M. Marche: Tout à fait. Pourquoi?

Mme Berger: Je ne sais pas: le train, l'hôtel, les horaires fixes … Vous n'avez pas pensé à la caravane? Avec une caravane, on est plus libre! Alain et moi, nous pensons nous en acheter une l'année prochaine.

Mme Marche: Pour nous, il n'en est pas question. Pour se traîner sur la route et pour rester ensuite entassés dans un camping, un de ces H.L.M. à l'horizontale? Ah non!

M. Berger: Mais il n'y a pas que ça. On peut s'en servir les week-ends ou encore pour partir visiter des pays.

M. Marche: Non, non, je ne trouve pas ça intéressant. Une bonne caravane coûte cher et puis ce n'est pas tout: il y a le garage en hiver, l'essence supplémentaire … Non, je suis plutôt pour un petit hôtel comme cet été ou une location.

Mme Berger: Après tout, vous n'avez peut-être pas tort!

FAITS ET CHIFFRES
Catégories socio-professionnelles d'acheteurs de caravanes (1981):

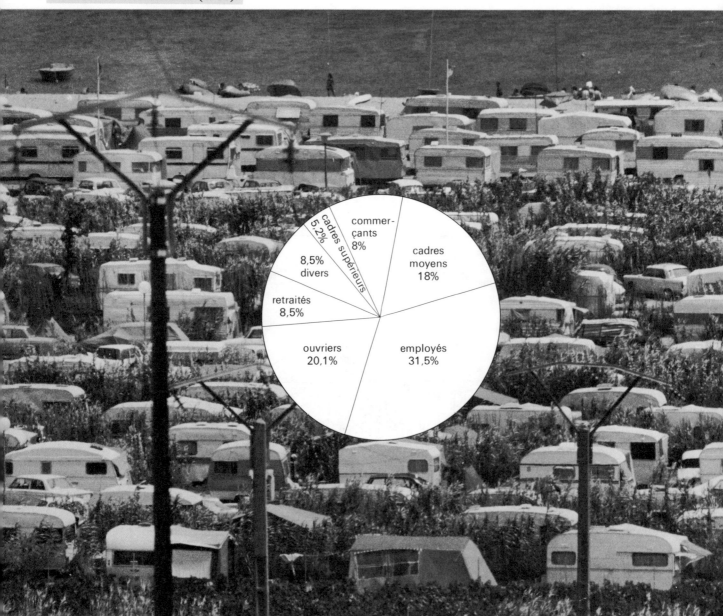

D   Retenez bien

1

Si tu vas au cinéma samedi, téléphone-moi.	**Quand** il y a un bon film à la télé, je l'enregistre.
S'il fait trop froid ce soir, je reste à la maison.	**Quand** il fait froid, je préfère rester à la maison.

2   Indicating circumstances

Je trouve que c'est pratique:
pour enregistrer les émissions, ou **quand** on n'est pas là, ou encore pour regarder une bonne cassette **quand** le programme à la télé n'est pas bon.
Quand je suis arrivée à la boulangerie, il n'y avait plus de pain.

Translate the sentences.

3   Indicating a purpose or goal

Je crois que c'est pratique: **pour** enregistrer les émissions ou **pour** regarder une bonne cassette.
On peut s'en servir les week-ends ou encore **pour** partir.
Ça, c'est peut-être bien **pour** rester chez soi quand il fait froid.
Pour nous, il n'en est pas question: **pour** se traîner sur la route et **pour** rester ensuite entassés dans un camping ...

4   Taking a position

Je crois que ...
Je trouve que ...
Eh bien, parce que ...
Et puis ...

Expressing agreement
Je suis plutôt pour.
Je n'ai rien contre.
Tu as raison.
Tout à fait!

Expressing doubt or uncertainty
C'est peut-être ...
Je ne sais pas, mais ...
Pour ça, c'est peut-être bien.
Après tout, vous n'avez peut-être pas tort.
Mais tu crois que ça vaut la peine?

Expressing disagreement
Tu sais bien que non!
Ah non!
Il n'en est pas question.
Non, non, je ne trouve pas ça intéressant.

E Un pas de plus

1

Bulletin météorologique

En vacances ou de passage en France, vous entendez les bulletins suivants. Ecoutez et soulignez les bons symboles.

a) Prévisions hivernales:

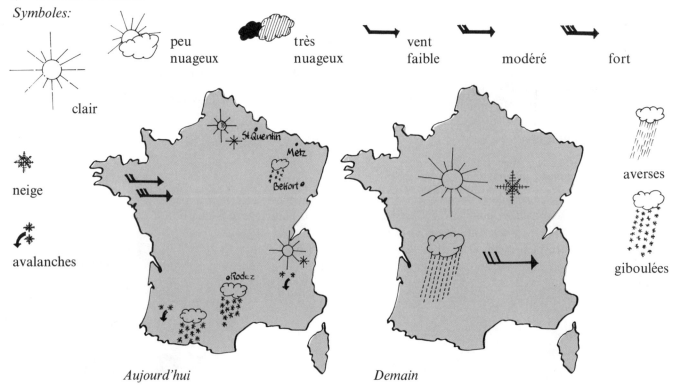

Symboles:

clair — peu nuageux — très nuageux — vent faible — modéré — fort — neige — avalanches — averses — giboulées

Aujourd'hui — *Demain*

b) Prévisions estivales

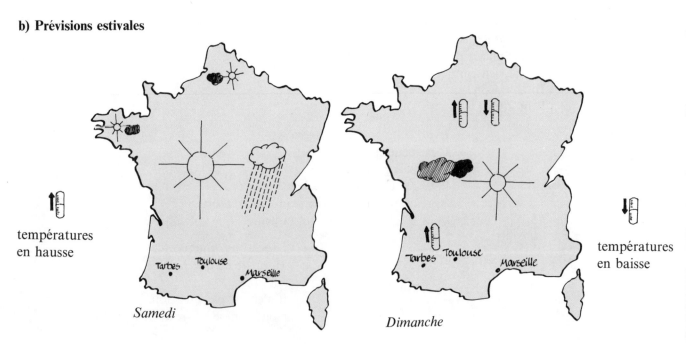

températures en hausse — températures en baisse

Samedi — *Dimanche*

2
Pour rêver un peu . . .

Provence
Gorges du Verdon
Hospice de Beaune
Notre-Dame de Paris

Provence
Azay-le-Rideau
Etretat (Normandie)
Cathédrale de Tours

APPENDICES

Guide to Pronunciation

French examples	Comparable English sounds
Vowels:	
[a] mal, déjà	father
[e] et, thé, chanter, chantez, j'ai	–
[ɛ] vert, bière, fenêtre	met
[ə] me	comma, ago
[i] cri, typique	he, machine
[o] bistro, allô	–
[ɔ] comme	–
[ø] adieu	perhaps
[œ] œuf, couleur	earn, burn
[u] fou, où, coûter	rule, soon
[y] tu, rue, sûr	–
[ã] grand, en	on
[ɛ̃] train, hein, vin, un	–
[õ] non, nom	–

French examples	Comparable English sounds
Consonants:	
[b] bord	ball
[d] dame	dam
[f] faute, photo	fall
[g] gare, guêpe	go
[j] * fille, payer	yoyo
[k] cas, qui, kilo, Christine	case, kite
[l] la, ville	lost
[m] maman, femme	mother
[n] nature, Rennes	nature
[p] parc, nappe	park
[r] rose, verre	–
[s] salon, classe, ici, garçon	cease, class
[t] table, quitter	table
[v] vin, wagon	vine
[w]* moi, oui	wine
[z] musée, Suzanne	museum, zinc
[ʒ] génie, jour	pleasure, azure
[ʃ] chat, schéma	sure, Chicago, shadow
[ɥ] * lui	suite
[ɲ] cognac	canyon
[ŋ] camping	camping

* semi-consonants

French-English Glossary

Phonetic transcriptions are included for all words up to Lesson 5, thereafter only for difficult cases.

A

Madame Bonsergent [madambõsɛrӡã]	Mrs. Bonsergent
Mademoiselle Schmidt [madmwazɛl ...]	Miss Smith
Monsieur Innocenti [məsjø ...]	Mr. Innocenti

B

oui [wi]	yes
le téléphone [lətelefɔn]	telephone
vous êtes [vuzɛt]	you are
être [ɛtr]	to be
pardon? [pardõ]	pardon?
je suis [ӡəsɥi]	I am
bien [bjɛ̃]	good, well
tenez! [təne]	here we are
merci [mɛrsi]	thank you
votre nom [vɔtrnõ]	your name
le nom [lənõ]	name
s'il vous plaît [silvuplɛ]	please
c'est [sɛ]	this is
vous vous appelez [vuvuzaple]	your name is
s'appeler [saple]	to be named
alors [alɔr]	so, then
voilà [vwala]	here (is/are)
c'est pour vous [sɛpurvu]	it's for you

C

c'est moi [sɛmwa]	that's me
mais [mɛ]	but
non [nõ]	no
elle s'appelle [ɛlsapɛl]	her name is
tu t'appelles ...? [tytapɛl]	is your name ...?
ton nom [tõnõ]	your name
s'il te plaît [siltəplɛ]	please
il s'appelle [ilsapɛl]	his name is
c'est vous? [sɛvu]	is that you?
je m'appelle [ӡ(ə)mapɛl]	my name is
et [e]	and

D

c'est ça [sɛsa]	that's right
tu es [tyɛ]	you are
c'est toi? [sɛtwa]	is that you?
c'est lui [sɛlɥi]	that is him

E

vous vous appelez comment? [vuvuzaplekɔmã]	what's your name?
comment? [kɔmã]	what?/how?
comment s'écrit votre nom? [kɔmãsekrivɔtrnõ]	how do you spell your last name?
et votre prénom? [evɔtrprenõ]	and your first name?
le prénom [ləprenõ]	first name

B

bonjour [bõӡur]	hello
prenez une lettre [prəneynlɛtr]	take a letter
prendre [prãdr]	to take
la lettre [lalɛtr]	letter
bonsoir [bõswar]	good evening
alors, comment allez-vous? [alɔrkɔmãtalevu]	well how are you?
aller [ale]	to go
aujourd'hui [oӡurdɥi]	today
ça va très bien [savatrɛbjɛ̃]	things are fine
très [trɛ]	very
tiens! [tjɛ̃]	say!
salut [saly]	Hi; Bye
ça va? [sava]	How are you?
bof, ça va [bɔfsava]	oh, O.K.
voilà mon bus [vwalamõbys]	there's my bus
le bus [ləbys]	bus
à bientôt [abjɛ̃to]	see you soon
comment ça va? [kɔmãsava]	how are things?
pas mal [pamal]	not bad
au revoir [ɔrvwar]	Good-bye

allô [alo] — hello
c'est le 05-16-14? — is this 05-16-14?
  [sɛləzerosɛ̃ksɛzkatərz]
je regrette [ʒərəgrɛt] — I'm sorry
regretter [rəgrete] — to be sorry
ce n'est pas…? [sənɛpa] — isn't this…?
désolé,-e [dezəle] — sorry
excusez-moi — excuse me
  [ɛkskyzemwa]
excuser [ɛkskyze] — to excuse

C

comment vas-tu? — how are you?
  [kəmãvaty]
je vais bien [ʒ(ə)vɛbjɛ̃] — I'm fine
et toi? [etwa] — and you?

Leçon 3   Vous parlez français?

B

je voudrais parler à … — I'd like to speak to …
  [ʒ(ə)vudrɛparlea]
vouloir [vulwar] — to want
parler [parle] — to speak
Mesdemoiselles — young ladies
  [medmwazɛl]
le/la Français,-e [ləfrãsɛ], — French
  [lafrãsez]
le/la Canadien,-ne — Canadian
  [ləkanadjɛ̃],
  [lakanadjɛn]
aussi [osi] — too
l'Américain,-e [lamerikɛ̃], — American
  [lamerikɛn]
qu'est-ce que vous faites? — what do you do (for a living)?
  [kɛskəvufɛt]
qu'est-ce que …? — what …?
  [kɛsk(ə)]
faire [fɛr] — to do
la secrétaire [lasəkretɛr] — secretary
je travaille chez Renault — I work at Renault
  [ʒətravajʃerəno]
travailler [travaje] — to work
chez [ʃe] — at
l'Autrichien,-ne [lotriʃjɛ̃], — Austrian
  [lotriʃjɛn]
vous parlez bien français — you speak French well
  [vuparlebjɛ̃frãse]
le français [ləfrãsɛ] — French (the language)

C

il est là? [ilɛla] — is he here?
là [la] — there, here
ah bon [abõ] — oh I see

l'étranger,-ère [letrãʒe], — foreigner
  [letrãʒɛr]
ou [u] — or
le/la Belge [bɛlʒ] — Belgian
alors, qu'est-ce que tu — well, what do you do?
  fais? [alɔrkɛskətyfɛ]
en France [ãfrãs] — in France
la France [lafrãs] — France
tu travailles? [tytravaj] — do you work?
l'étudiant,-e [letydjã], — (university) student
  [letydjãt]

D

l'Anglais,-e [lãglɛ], [lãglɛz] — Briton
le/la Japonais,-e — Japanese
  [ləʒapɔnɛ], [laʒapɔnɛz]
l'Allemand,-e [lalmã], — German
  [lalmãd]
l'Italien,-ne [litaljɛ̃], — Italian
  [litaljɛn]
le/la Russe [rys] — Russian
l'Espagnol,-e [lɛspaɲɔl] — Spaniard
à Paris [apari] — in Paris
l'excursion (f) [lɛkskyrsjõ] — excursion

E

l'employé,-e [lãplwaje] — white-collar worker
administratif,-ve — administrative
le professeur [ləprɔfɛsœr] — teacher, professor

la laborantine — laboratory technician
  [lalabərãtin]
le cuisinier [ləkɥizinje] — cook
la sténodactylo — secretary
  [lastenodaktilo]
le technicien [lətɛknisjɛ̃] — technician
le chauffeur [ləʃofœr] — driver
la profession [laprɔfɛsjõ] — profession
la nationalité — nationality
  [lanasjɔnalite]
la standardiste — telephone operator
  [lastãdardist]
le/la dentiste [dãtist] — dentist
l'ingénieur (m) [lɛ̃ʒenjœr] — engineer

Leçon 4 · Votre adresse, s'il vous plaît

A

bonne route [bɔnrut] — have a nice trip
ne pas introduire de — do not use coins
  pièces [nəpa –
  zɛ̃trɔdɥirdəpjɛs]
danger [dãʒe] — danger
ne pas s'asseoir — no sitting
  [nəpasaswar]
ne pas s'appuyer — no leaning
  [nəpasapɥije]

s. v. p. = s'il vous plaît | please
ne pas parler avec le chauffeur [nəpaparle-avɛkləʃofœr] | do not talk to the driver
défense de fumer [defãsdəfyme] | no smoking
la maison ne fait pas de crédit [lamɛzõnəfɛpadkredi] | no credit
ne pas ouvrir avant l'arrêt du train [nəpazuvrir-avãlarɛdytrɛ̃] | do not open before train stops
vous n'êtes pas admis [vunɛtpazadmi] | no admittance
ne pas utiliser sur flamme gaz [nəpa-zytilizesyrflamgaz] | do not use on gas flame
prière de ne pas stationner [prijɛr-dənpastasjɔne] | no parking
sortie de voitures [sɔrtidvwatyr] | car exit
ne pas déposer d'ordures [nəpadepozedɔrdyr] | no dumping
ne ... pas [nəpa] | not

B

vous habitez où? [vuzabiteu] | where do you live?
habiter [abite] | to live, reside
où [u] | where
c'est où? [sɛu] | where is that?
l'Autriche (f) [lotriʃ] | Austria
d'où est-ce que vous êtes? [duɛskəvuzɛt] | where are you from?
d'où [du] | from where
de Düsseldorf | from Düsseldorf
la rue [lary] | street
l'hôtel (m) [lotɛl] | hotel

pardon [pardõ] | excuse me

monsieur Albertoni n'est pas là? [məsjø-albɛrtoninɛpala] | isn't Mr. Albertoni here?
si [si] | yes
de rien [dərjɛ̃] | you're welcome
le voilà [ləvwala] | there he is
je suis en retard [ʒəsɥi(z)ãrtar] | I'm late
je vous en prie [ʒ(ə)vuzãpri] | that's O.K.

C

le boulevard [ləbulvar] | boulevard
le directeur [lədirɛktœr] | the chairman

D

le/la vendeur,-se [ləvãdœr], [lavãdøz] | sales person
l'avenue (f) [lav[ə]ny] | avenue
la place [laplas] | square

E

comprendre [kõprãdr] | to understand
dire [dir] | to say, tell
trop vite [trovit] | too fast
vouloir dire [vulwardir] | to mean
avec [avɛk] | with
sans [sã] | without
prononcer [pronõse] | to pronounce
répéter [repete] | to repeat
plus lentement [plylãtmã] | more slowly
regarder [rəgarde] | to watch
écouter [ekute] | to listen to
pouvoir [puvwar] | to be able
l'ouvrier,-ère [luvrije], [luvrijɛr] | worker
la mère de famille [lamɛrdəfamij] | mother/home maker

Leçon 5 Je voudrais un petit rouge

B

vous cherchez? [vuʃɛrʃe] | (what) are you looking for?
chercher [ʃɛrʃe] | to look for
des cartes postales [dekartpɔstal] | post cards
la carte postale [lakartpɔstal] | post card
le franc [ləfrã] | franc
cher, chère [ʃɛr] | expensive
à la table [alatabl] | at the table
la table [latabl] | table
qu'est-ce qu'il veut? [kɛskilvø] (inf.: vouloir) | what does he want?
un petit rouge [ɛ̃ptiruʒ] | a small glass of red (wine)
petit,-e [pəti], [pətit] | small
encore?! [ãkɔr] | another!?
le/la cinquième [sɛ̃kjɛm] | the fifth
vous connaissez? [vukɔnɛse] | do you know? are you familiar with?
connaître [kɔnɛtr] | to know, be familiar with
vous aimez? [vuzɛme] | do you like ...?
aimer [ɛme] | to like, love
grand,-e [grã], [grãd] | big, tall
c'est une belle ville [sɛtynbɛlvil] | it's a beautiful city
beau, belle [bo], [bɛl] | beautiful, handsome
la ville [lavil] | city
jeune [ʒœn] | young

C

qu'est-ce que tu fais là? [kɛskətyfɛla]	what are you doing here?
le pantalon [ləpɑ̃talõ]	slacks
regarde [rəgard]	look
jaune [ʒon]	yellow
le café-crème [ləkafekrɛm]	coffee with cream
vous voulez un thé? [vuvuleɛ̃te]	do you want tea?
pas de thé [pad(ə)te]	no tea
le chocolat [ləʃɔkɔla]	cocoa, hot chocolate
le village [ləvilaʒ]	village
il y a un château [iljaɛ̃ʃato]	there's a castle
il y a [ilja]	there is, there are
le château [ləʃato]	castle
le jardin [ləʒardɛ̃]	garden

D

la fille [lafij]	girl
le garçon [ləgarsõ]	boy
bon,-ne [bõ], [bɔn]	good
la choucroute [laʃukrut]	sauerkraut
la robe [larɔb]	dress
le manteau [ləmɑ̃to]	coat
la jupe [laʒyp]	skirt
le sac [ləsak]	bag
blanc, blanche [blɑ̃], [blɑ̃ʃ]	white
vert,-e [vɛr], [vɛrt]	green
noir,-e [nwar]	black
bleu,-e [blø]	blue
la veste [lavɛst]	jacket
le pull [ləpyl]	knit top
rouge [ruʒ]	red
rose [roz]	pink
beige [bɛʒ]	beige
marron [marõ]	brown
le restaurant [lərɛstɔrɑ̃]	restaurant
la maison [lamɛzõ]	house
le »Coq d'or« [ləkɔkdɔr]	the "Golden Cock"
le livre [ləlivr]	book
la bière [labjɛr]	beer
l'eau minérale [lomineral]	mineral water

E

la cathédrale [lakatedral]	cathedral
le bord de mer [ləbɔrdəmɛr]	coast
la mer [lamɛr]	sea, ocean

Leçon 6   C'est à qui alors?

A

gai,-e [gɛ]	happy
sérieux,-se	serious

malade	sick
triste	sad
nerveux,-se	nervous
sportif,-ve	athletic
sympathique [sɛ̃patik]	nice, friendly
le pilote	pilot
le/la dessinateur, -trice	designer, draftsman
le/la musicien,-ne	musician
le/la mécanicien,-ne	mechanic
le footballeur [futbolœr]	soccer player
la clé	key
le ballon	ball
le camion	truck
le crayon [krɛjõ]	pencil
l'avion (m)	airplane
la trompette	trumpet
l'usine (f)	factory

B

ce n'est pas à vous, ça?	isn't that yours?
être à qn	to belong to s.o.
c'est à qui alors?	whose is it?
c'est le briquet de Jean	it's Jean's lighter
le briquet	lighter
le mari de Brigitte	Brigitte's husband
le mari	husband
qu'est-ce qu'il a l'air fatigué	he looks so tired
avoir l'air	to look, seem
fatigué,-e	tired
toujours	always
comme ça	like that
est-ce que tu connais ...?	do you know ...?
un grand brun	a tall dark haired (man)
brun,-e [brɛ̃], [bryn]	brown, brunette
avec	with
les lunettes (f)	glasses
l'homme (m)	man
gentil,le [ʒɑ̃ti], [ʒɑ̃tij]	nice

C

c'est à toi, ça?	is that yours?
la moto	motorcycle
la sœur [sœr]	sister
qu'est-ce qu'elle est antipathique!	she is so nasty!
antipathique	nasty, unkind
penses-tu!	that's what you think!
penser	to think
chouette	great, terrific
le patron	boss, employer
c'est qui?	who is that?
qui?	who?

le petit chauve	the short bald (man)
chauve	bald
là-bas	over there

D

le frère	brother
le fils [fis]	son
la fille [fij]	daughter
le père	father
la mère	mother
l'ami,-e	friend
l'enfant (m)	child
le/la collègue	colleague
à qui est-ce?	whose is that?
la maison est à eux?	is the house theirs?
le disque	record
blond,-e	blond

Leçon 7	**C'est l'heure!**

A

le mois	month
janvier	January
février	February
mars	March
avril	April
mai	May
juin	June
juillet	July
août [u], [ut]	August
septembre	September
octobre	October
novembre	November
décembre	December
la semaine	week
lundi	Monday
mardi	Tuesday
mercredi	Wednesday
jeudi	Thursday
vendredi	Friday
samedi	Saturday
dimanche	Sunday
la visite	visit
l'exposition (f)	exhibit, exhibition
RV = rendez-vous (m)	meeting, date
le déjeuner	lunch, midday meal
le départ	departure
le voyage [vwajaʒ]	trip
l'Allemagne (f)	Germany
la réunion	meeting, gathering

B

c'est l'heure	it is time
l'heure (f)	hour, time
déjà	already
quelle heure est-il?	what time is it?
quel, quelle	which, what
sept heures	seven o'clock
allez!	go!
lève-toi	stand up
se lever	to stand up, get up
vite	quickly
ce matin	this morning
le matin	morning
tout va bien	everything is fine
circulation (f) fluide	flowing traffic
sur	on
le périphérique	*freeway around Paris*
vous avez le temps	you have time
le temps	time
il est 8 heures 35	it is 8:35 a.m.
France-Inter	*French radio station*
souhaiter	to wish
une bonne journée	a good day
la journée	day
c'est quel jour la réunion?	what day is the meeting?
le jour	day
attendez	wait
attendre	to wait
le 21	on the 21st
vous dites?	what did you say? pardon me?
dire	to say, tell
le billet	ticket
le train	train
arriver	to arrive
partir	to leave
après	after
cette place est libre?	is this seat free?
ce, cette	this; that
libre	free
le plateau	tray

C

c'est quelle heure?	what time is it?
neuf heures moins le quart	a quarter to nine
moins	less
le quart	quarter hour
quand	when
rester	to stay
seulement	only
dommage	too bad
la chemise	shirt
fais voir	let's see

voir	to see
la chaussette	sock
dis	say
le match	game
en novembre	in November
croire	to believe

D

la photo	photo
l'écharpe (f)	scarf
le football	soccer
maintenant	now
l'anniversaire (m)	birthday
demain	tomorrow
la semaine prochaine	next week
prochain,-e	next
l'après-midi (m/f)	afternoon
cet après-midi [sɛtaprɛmidi]	this afternoon
huit heures et demie [ɥitœredmi]	eight thirty
une heure et quart	a quarter past one
midi cinq	five past twelve
cinq heures moins dix	ten to five

E

cher, chère	dear
ma sœur	my sister
la réception	reception
dans	in
le centre de la ville	downtown
j'ai une semaine de vacances	I have a week's vacation
les vacances (f)	vacation
longtemps [lõtã]	a long time
voici	here is
l'agenda (m) [aʒɛ̃da]	daily calendar
répondre	to answer
férié (jour férié)	holiday
l'arrivée (f)	arrival
le soir	evening
le concert	concert
le théâtre	theater
le bureau	office
le cinéma	movies, cinema

Leçon 8	Nous allons où cette année?

A

c'est bien son manteau	that is surely her coat
la ceinture	belt
les gants (m)	gloves
ce sont	these are

les pulls (mpl)	pullovers
les bottes (f)	boots
les chaussures (f)	shoes
au sud de	in the south of
le nord	north
l'est (m)	east
l'ouest (m)	west
le centre de la France	central France
au sud-est [sydɛst]	in the southeast
le sud-ouest	southwest
le nord-est [nɔrɛst]	northeast
le nord-ouest	northwest

B

exactement [ɛgzaktəmã]	exactly
premier, première	first
la partie	part
le dialogue	dialog
ensuite	then
la question	question
suivant,-e	following
l'agence (f) de voyages	travel bureau
quelles questions peut-elle poser?	what questions can she ask?
poser une question	to ask a question
deuxième [døzjɛm]	second
demander	to ask
quel âge ont ses enfants?	how old are her children?
l'âge (m)	age
voyager	to travel
troisième	third
combien de temps	how long
le Portugal	Portugal
ça y est	it's ready, here goes

chéri(e)	dear
c'est décidé	we're ready, it's agreed

décider	to decide
nos vacances	our vacation
ah bon?	oh, really?
l'année (f)	year
je ne sais pas	I don't know
savoir	to know
le soleil [sɔlɛj]	sun
sûr	sure, certain
d'accord	all right, agreed
pourquoi	why
désirer	to want
l'an (m)	year
en voiture	by car
la voiture	car
prenez plutôt le train	preferably, take the train

plutôt	rather
le train-auto	train which transports cars

la formule	method, plan
le séjour	stay
avantageux,-se	advantageous
l'idée (f)	idea
conseiller qch	recommend something
qch = quelque chose	something
la région	region
allez dans le Sud	go to the South
préférer	to prefer
la plage	beach
tranquille [trãkil]	peaceful
avoir raison	to be right
par exemple	for example
la demi-pension	half pension
la chambre	(bed)room
la salle de bains	bathroom
les WC [vese]	toilet
par jour	per day
vos enfants	your children
les repas sont à 35 F	the meals cost 35 F
le repas	meal
le renseignement [rãsɛɲ(ə)mã]	information
les voilà	here, there they are
le prix	price
tout compris	all inclusive
à peu près	about, approximately
le salaire	salary
nous passons par Lisbonne	we're going via Lisbon
passer par…	to go via, through

C

l'étudiant en psychologie [psikɔlɔʒi]	psychology student
tes vacances	your vacation
l'argent (m)	money
le mémoire de maîtrise	master's thesis
c'est vrai?	is that true?
peut-être	perhaps
prends donc le train	so take the train
pratique	practical
la gare	station
renseigne-toi	get information
se renseigner	to find out
comme d'habitude	as usual
l'habitude (f)	habit
je préfère	I prefer
la station-service	service station
ça fait 70 à 100 francs	that adds up to 70 to 100 F
le pourboire	tip
seul,-e	alone
ici	here
la copine	friend [female]

D

la Belgique	Belgium
le Maroc	Morocco
le Canada	Canada
les Pays-Bas (m) [peiba]	Netherlands
les Etats-Unis (m) [etazyni]	United States
à midi	at noon
la cantine	lunchroom
la cravate	necktie
l'Algérie (f)	Algeria
les Martin vont en vacances avec leurs enfants	the Martins are going on vacations with their children
plus pratique	more practical

E

la proposition	to suggestion, offer
passer une semaine	to spend a week
la famille	family
la fin de semaine	weekend
l'Italie (f)	Italy
le budget	budget
la personne	person
beaucoup (de)	much
la campagne	country (as opposed to city)
sur l'Atlantique	on the Atlantic
l'appartement (m)	appartment
pas trop cher	not too costly
Pâques	Easter
le club [klœb]	club
le pays	country, nation
chaud, -e	warm
pour faire de la planche à voile	in order to do some windsurfing
pour	in order to
le ski nautique [ski]	waterskiing
le sport	sports
maximum [maksimɔm]	maximum
à louer	for rent
les enfants de moins de dix ans	children under 10
la pension complète	complete room and board
l'auberge (f)	inn
proposer	to propose, offer
le complexe touristique	vacation center
la piscine [pisin]	swimming pool
le tennis	tennis
la pêche sous-marine	deep-sea fishing
la pêche	fishing
le forfait	package price
la nuit	night
visiter	to visit
médiéval,-e	medieval
l'auberge de jeunesse	youth hostel

à côté (de)	next to, beside
venez!	come!
venir	to come
le chalet	chalet, cabin
demi-tarif	half price
au-dessous (de)	under
le service d'entretien	maid service
gratuit,-e	free, no charge

Leçon 9 — De la boulangerie au supermarché

A

le mercredi	on Wednesday
faire les courses (f)	to do errands, shopping
la boucherie	butcher shop
la charcuterie	deli, pork butcher
la poissonnerie	fish market
la boulangerie	bread bakery
la pharmacie	pharmacy
la droguerie	household products shop
la librairie	book shop
la pâtisserie	pastry shop
la bibliothèque	library
le parc	park
le musée	museum
le stade	stadium
elle sort de chez elle	she's leaving her place of residence
sortir	to go out, come out
rentrer	to go back, come back
passer	to go by
descendre [desãdr]	to come down, go down

B

le docteur	doctor
l'hôpital (m)	hospital
tant pis	too bad
voyons	let's see
le cours	class, course
possible	possible
demain 10 h 30 donc	so, tomorrow at 10:30
à demain	until tomorrow
le lycée [lise]	secondary school
rien	nothing
tu viens avec moi? (inf.: venir)	are you coming with me?
où?	where?
l'épicerie (f)	grocery
garder les enfants	to babysit
l'auditorium (m) [oditɔriɔm]	auditorium
entendu	agreed, O.K.

entendre	to hear
le film	film
encore	still
à la maison	at home
la femme [fam]	woman, wife
Françoise est prête?	Is Françoise ready?
prêt,-e	ready
pas tout à fait	not completely
entre!	come in!
entrer	to enter, come in
le moment	moment
dépêche-toi enfin!	hurry up now!
enfin	finally
être pressé,-e	to be in a hurry

C

Mme C. va chercher ses enfants	Mrs. C. is picking her children
l'école (f)	school
dis-moi	tell me
la dame	lady
allez les enfants!	come on, kids!
où est-ce qu'on va?	where are we going?
le supermarché	supermarket
chic alors!	neat, great!
manger	to eat
allez vous laver les mains	go wash your hands
laver	to wash
la main	hand
tout de suite	right away

D

l'instant (m)	moment, instant
la minute	minute

E

le magasin	store
continuer	to continue
le bifteck (beefsteak)	steak
la baguette	long, narrow loaf of bread
le yaourt [jaurt]	jogurt
le journal, les journaux	newspaper(s)
le vin	wine
l'olive (f)	olive
le camembert	camembert cheese
la tarte	pie, tart
le médicament	medicine, medication
le poisson	fish
la crème fraîche	sour cream
frais, fraîche	fresh
la confiture	jam, marmelade
le rosbif (rosbeef)	beef roast
la salade	salad (greens)
le radis	radish
la tomate	tomato

l'orange (f) — orange
Mme S. et Mme T. voudraient bien se voir — Mrs. S. and Mrs. T. would like to get together
trouver — to find
la solution — solution

Leçon 10   Le prix des choses

A

la chose — thing
le poids — weight
la quantité — amount
la crémerie — dairy shop
l'œuf, les œufs [lœf], [lezø] — egg(s)
le lait — milk
le beurre — butter
le fromage — cheese
le fruit, les fruits — fruit
le légume — vegetable
la pomme de terre — potato
la carotte — carrot
la cerise — cherry
le pâté — pâté, meat spread
le jambon — ham

B

c'est combien? — how much is that?/ does that cost?
la livre — pound (500 gr)
le kilo — kilogram
à vous, monsieur! — it's your turn, sir!

le morceau — piece
juste — exact
et avec ça? — anything else?
un peu (de) — a little (of)
ça fait peut-être beaucoup — maybe that's too much

peser — to weigh
le gramme — gram
environ — about, approximately
autre chose? — anything else?
autre — other
ça fait combien? — how much is that? how much does it cost?
le comté — Swiss cheese
c'est bien ça — that's right

C

il est à combien? — how much is it?
pas pour longtemps — not for long
il augmente demain — it's going up tomorrow
augmenter — to go up
la mandarine — tangerine

un kilo et demi — a kilo and a half
l'unité (f) de poids — unit of weight
l'unité de mesure — unit of measure
la viande — meat
la banane — banana
le riz — rice
le litre — liter
la bouteille — bottle
la douzaine — dozen
le paquet — package
le rôti — roast
le porc — pork
assez (de) — enough (of)
le veau — veal
le gigot [ʒigo] — leg of lamb
la côte — chop
l'agneau (m) — lamb
le poulet — chicken
c'est un peu juste — it's a little under
juste — short, less

D

la limonade — lemon soda
la pomme — apple
vraiment — really
vous m'avez donné (inf.: donner) — you gave me
beaucoup trop (de) — much too much (of)
tout le monde — everyone
le petit pois — pea
3 F la pièce — 3 F each
la boîte — can, tin

coûter — to cost

Leçon 11   Ça s'est bien passé?

A

M. et Mme Caron se sont réveillés — Mr. and Mrs. Caron woke up
se réveiller [sərevɛje] — to wake up
se raser — to shave
se doucher — to shower
préparer — to get ready, prepare
elle est montée réveiller les enfants — she went upstairs to wake the children
faire le ménage — to do housework

B

lisez — read
comment s'est passé le voyage? — how was the trip?

se passer	to happen, occur
content,-e	happy, satisfied
promettre	to promise
le dossier	file
demande-le au service export (m)	ask for it at the export service
on va l'apporter	they are going to bring it
apporter	to bring
la rentrée	back to school time (in September)
facile	easy
ça...!	*here:* right!
formidable	terrific, great
se reposer	to rest
et comment!	and how!
le temps	weather
splendide	splendid
nous nous sommes baignés	we went swimming
se baigner	to go swimming
tous les jours	every day
s'amuser	to have fun, enjoy oneself
se promener	to take a walk, ride
souvent	often
même	even
la promenade	walk, ride
en mer	on the ocean
d'ailleurs [dajœr]	anyway, moreover
ça se voit	it's obvious
être en forme	to be in good shape
tu vas voir	you'll see
le dépliant	brochure
c'est promis	promise!

C

l'entrecôte (f)	rib steak
alors raconte!	so, tell about [it]!
raconter	to tell
il s'est terminé comment le feuilleton?	how did the series turn out?
le feuilleton [fœjtõ]	a T.V. series
eh bien	well then
se retrouver	to find each other again
se marier	to get married
se disputer	to argue
chacun de son côté	going their own way
chacun,-e	each
le côté	side
le Mexique	Mexico
retourner	to go back
nouveau, nouvelle	new
la série	the series
toutes nos excuses	(we're) very sorry
l'excuse (f) [ɛkskyz]	regrets, apology
bon bon, ça va	good, that's fine

D

dans une semaine	in a week
le petit déjeuner	breakfast

E

tôt	early
tard	late
sortir	to go out
la gymnastique [ʒimnastik]	gymnastics, exercise
le jogging	jogging
la partie	game, match
danser	to dance
la discothèque	discotheque
se coucher	to go to bed

Leçon 12   Qu' avez-vous fait?

A

comme tous les lundis	like every Monday
les informations (f)	news
la cuisine	kitchen
puis	then
ranger	to tidy up
quelques	some
acheter	to buy
le boucher	butcher
j'ai pris le pain	I got the bread
le pain	bread
avant de	before
la liste	list
oublier	to forget
la lessive	laundry soap
le droguiste	household supply merchant
la brioche	egg dough pastry
chercher	*here:* to pick up
la pâtisserie du coin	the corner bakery
emprunter [ãprɛ̃te]	to borrow

B

qu'est-ce qui s'est passé?	what happened?
l'accident (m) [aksidã]	accident
c'est toujours la même chose	it's always the same thing
le carrefour	intersection
s'accrocher	to hit each other
heureusement	fortunately
grave	serious
la faute	fault
parce que	because
ils se sont trompés de rue	they took the wrong street
se tromper	to be mistaken
quand	when

s'engager dans une rue	turn into a street
devant	in front of
le panneau	sign
sans	without
sans doute	probably
au milieu (de)	in the middle of
le milieu	middle
s'arrêter	to stop
brusquement	suddenly
et alors?	and then?
faire demi-tour	to make a U-turn
remonter	to go back up
ils ont grillé le stop	they ran the stop sign
le stop	stop sign
à ce moment-là	at that moment
ils ne l'ont pas vue	they didn't see it
freiner	to brake
il n'y a pas de blessés	no one is injured
le blessé	injured person
quels ennuis!	what problems!
l'ennui (m)	problems
dangereux,-se	dangerous
la signalisation	traffic signs
on dit bien que...	they do say that ...
que	that
il va y avoir des feux	there are going to be traffic signals
les feux	traffic signals
C	
c'est de notre faute	it's our fault
il est reparti	he went on
en sens inverse	in the opposite direction
le sens [sãs]	direction
inverse	opposite
on a suivi la flèche	we followed the arrow
suivre	to follow
la flèche	arrow
c'est comme ça que les accidents arrivent	that's how accidents happen
le constat	accident report
reconnaître	to recognize
E	
l'histoire (f)	story

Leçon 13	Vous connaissez un bon docteur?

A	
jouer	to play
elles viennent de faire les courses	they have just done the shopping

venir de faire qch	to have just done something
jouer au loto	to play lotto
B	
entre	between
le pharmacien	pharmacist
depuis	since
vient seulement d'arriver	has only just arrived
le camping	camp ground
je ne me sens pas bien	I don't feel well
se sentir	to feel
mal à l'estomac (m)	stomach ache
mal au ventre (m)	abdominal discomfort
la colique	intestinal upset
la chaleur	heat
la nourriture	food
le cachet	tablet
la goutte	drop
trois fois par jour	three times a day
chaque	each
l'eau (f)	water
vous pouvez me donner...?	can you give me ...?
pouvoir	to be able
le médecin	doctor, physician
noter	to note, write down
le numéro de téléphone	telephone number
appeler	to call
si cela ne va pas mieux	if it doesn't get better
si	if
mieux	better
C	
la tête	head
la jambe	leg
le pied	foot
j'arrive à la minute	I'll be there in a minute
ça me fait très mal	it really hurts
ce n'est pas bien grave	it's not so serious
le changement	change
pendant	for, during
revenir	to come back
continuez à les prendre	continue taking them
elles vont vous faire du bien	they will do you good
la consultation	visit, examination
je vous dois combien?	what do I owe you?
devoir	*here:* to owe
payer	to pay
E	
consulter	to consult
vérifier	to check, make sure
le tableau	chart

Leçon 14   Régime, régime ...

A

ne ... plus	no longer
la carte bleue	credit card
emporter	to take along
le crédit	credit
accepter	to accept
le chèque	check
rien ne va plus	nothing is going well any more
vers Paris	toward Paris
RN = route nationale (f)	major highway
la direction	direction
l'autoroute (f)	freeway, tollway
les vacances sont finies	vacation is over
finir	to finish, end
la frontière	border
le message	message
la radio	radio
que devez-vous faire?	what must you do?
devoir	to have to
le groupe	group
l'entrée (f)	entrance
la route départementale	local road
bloqué,-e	blocked
franco-allemand,-e	Franco-German
la manifestation	demonstration
fermer	to close
le pont	bridge
choisir	to choose
la douane	customs

B

faire attention à	to pay attention to
à ce que vous buvez	to what you drink
boire	to drink
le sucre	sugar
bien dormi?	(did you) sleep well?
dormir	to sleep
prendre le petit déjeuner	to have breakfast
pas encore	not yet
ensemble	together
le plaisir	pleasure
la commande	order
le jus d'orange	orange juice
le citron	lemon
la biscotte	rusk
à l'américaine	American style
déjeuner	midday meal, lunch
assez	rather
le régime	diet
sévère	strict
de la confiture non plus	no more jam, either
le croissant	croissant
ça m'est interdit aussi	that's forbidden, too
interdit,-e	forbidden

j'ai pris 11 kilos	I've gained 11 kilos
en trois ans	in three years
commencer	to begin, start
j'ai déjà maigri de deux kilos	I've already lost 2 kilos
maigrir	to lose weight
bravo	bravo
l'appétit (m)	appetite
quand même	anyway
léger, légère	light
rapide	fast
de bonne heure	early
la tasse	cup
un thé nature	plain tea
un thé au lait	tea with milk
la tartine	bread with spread
grillé,-e	toasted
le miel	honey
certain(e)s	some (people)
remplacer	to replace
ou encore	or also

C

l'entreprise (f)	firm, company
se rencontrer	to meet
la pause	break
dis donc!	say there!
devenir	to get, become
mince	slim
élégant,-e	elegant
j'ai déjà perdu 6 kilos	I've already lost 6 kilos
perdre	to lose
la charcuterie	sausage, cold cuts
mauvais,-e	bad
raconte un peu!	tell a little (about)
presque	nearly
plus du tout	no more at all
c'est dur	it's hard
grossir	to gain weight
à la sortie	*here:* after work
la sortie	exit, end of work day
à tout à l'heure	until later
le fait	fact
le chiffre	number
l'alimentation (f)	consumption, nourishment

D

fumer	to smoke

E

la publicité	advertising
mincir	to slim down
uniquement	only
au moins	at least

remodèle votre silhouette	reshapes your figure!
tonifie vos muscles	improves muscle tone
ni … ni	neither … nor
l'exercice (m)	exercise
du nouveau	something new
le secret	secret
le saviez-vous?	did you know?

Leçon 15   Merci, je ne fume plus

A

plusieurs	several
la façon	way
refuser	to refuse
cocher	to check
la case	box
correspondant,-e	corresponding

B

se souvenir	to remember
la cigarette	cigarette
le plus	the most
offrir	to offer
l'ouvrier (m) spécialisé	skilled worker
la mécanique	mechanics
le maçon	mason
discuter	to discuss

le retour	way back
mon vieux	pal
vieux, vieille [vjø], [vjɛj]	old
gagner	to win
le pari	bet
tout arrive	anything can happen
la santé	health
je veux bien le croire	I can believe it
tenir bon	keep it up
le diplomate	diplomat
né,-e	born
le tabac [taba]	tobacco
le bureau de tabac	tobacco shop

le stylo [stilo]	pen
le timbre-poste	postage stamp
la consommation	consumption
l'évolution (f)	change
le milliard	billion
le nombre	number
le fumeur	smoker
adulte	adult
dont	of which
cesser	to stop

l'habitant (m)	inhabitant
la dépense	expenses
la part	share
l'impôt (m)	tax
l'opinion (f)	opinion
les jeunes	youth
le signe	sign, indication
la faiblesse	weakness
le sujet	subject
la réflexion	*here:* discussion

C

imaginer	to imagine
le rôle	role
le problème	problem
abandonner	to give out [on]
la panne	break down
tu veux bien me prendre chez moi?	could you take me home?
conduire	to drive
l'apéritif (m)	before dinner drink
(ne …) jamais	never
le volant	steering wheel
en moyenne	on the average
la boisson	drink
rafraîchissant,-e	soft [drink]
le cidre	cider

le sirop	[flavored] syrup
l'alcool (m) [alkɔl]	alcohol
le monde	world
Allemagne démocratique	[East] Germany
les frais	expense
rapporter	to bring in
vivre	to earn a living
le million	million

D

inviter	to invite

E

faire du judo (m)	to do judo
faire du vélo (m)	to bicycle
nager	to swim
l'annonce (f)	notice

le parcours	circuit
le cœur	heart
s'adresser à qn	to be intended for someone

Leçon 16   S'il vous plaît!

A

circuler	to drive
observer	to observe
la circulation routière	road traffic
la déviation	detour
rappel	reminder
barrer	to close off
l'interdiction (f)	restriction
stationner	to park
véhicules lents serrez à droite	slow vehicles keep to the right
sauf	except
le brouillard [brujar]	fog
classer	to classify
l'obligation (f)	requirement
l'autorisation (f)	permission
vous demandez à un Français de vous expliquer	you ask a French person to explain to you
à l'aide de	with the help of
marquer	to mark
l'itinéraire (m)	itinerary, way
le plan	(city) map
à pied	on foot
tout droit	straight ahead
à gauche	to the left
à droite	to the right

B

le bureau de poste	post office
elle se renseigne auprès de l'employé	she asks the employee for instructions
vous pourriez...?	could you...?
l'indicatif (m)	the area code
la cabine (téléphonique)	the [telephone] booth
aider	to help
marcher	to work, function
tout le numéro	the whole number
je n'avais pas de tonalité (inf.: avoir)	I didn't get a dial tone
la tonalité	dial tone
permettre	to permit
l'erreur (f)	error
l'étranger (m)	foreign countries
le début	beginning
depuis la France	from France
je ne savais pas (inf.: savoir)	I didn't know
il n'y a pas de quoi	you're welcome
essayer [eseje]	to try

C

le guichet [giʃɛ]	[ticket] window
SNCF = Société nationale des chemins de fer français	French National Railways
l'horaire (m)	schedule
certainement	certainly
à votre service	at your service
envoyer	to send
le télégramme	telegram
le code postal	postal code
l'alphabet (m)	alphabet
le chien [ʃjɛ̃]	dog
le chat	cat
se servir de qch	to use something
le mot	word
la faim [fɛ̃]	hunger
ouvrir	to open
ouvre la bouche!	open your mouth!
la bouche	mouth

E

réserver	to reserve
absent,-e	[gone] out
pour la journée	for the day
laisser un message	leave a message
laisser	to leave
au signal	at the tone
surpris,-e	surprised
que vous allez dire	that you're going to say
la raison	reason
l'appel (m)	call
la salle de séjour	living room
le couloir	hallway
est-ce que la maison vous plaît?	do you like the house?
plaire	to please

Leçon 17   Bien manger

A

la vache	cow
la chèvre	goat
la brebis	ewe
le dessert	dessert
manquer	to lack, miss
l'œil, les yeux (m) [lœj], [lezjø]	eye(s)
le département	department (unit of government – France has 95 departements)
le fleuve	river
la curiosité	tourist attraction
le climat	climat
l'huître (f)	oyster

l'entrée (f)	first course
la volaille	fowl
bouqueté	flowery
fruité	fruity
sec	dry
le rosé	rosé
le vin mousseux	Champagne-type
le vin liquoreux	dessert wine
le champagne	Champagne
le menu	fixed-price meal
les crudités (f)	raw vegetable plate
l'assiette (f)	plate
le poireau	leek
la vinaigrette	oil and vinegar
le filet	filet
le hareng [ləarã]	herring
le potage	soup
le cresson	watercress
le faux-filet	sirloin
le lapin	rabbit
chasseur	hunter-style; in red wine sauce
les haricots verts (m) [leariko]	green beens
le gratin dauphinois	scalloped potatoes
les frites (f)	french fries
le plateau de fromages	cheese platter
la crème caramel	vanilla custard with caramel sauce
la mousse au chocolat	chocolate mousse
la tarte maison	home-made pie
service compris	tip included

B

l'invité,-e	guest
compliqué,-e	complicated
le dîner	dinner
le coiffeur, la coiffeuse	hair stylist
le marché	market
la sole	sole
le choix	choice, selection
comme dessert	for dessert
la génoise	sponge cake
la recette	recipe
le gâteau	cake
tout ça?	all that?
ça va vous demander un temps fou	that's going to take you a lot of time
fou, folle	crazy
recevoir	to have guests
attendre qch	to expect something
croyez-moi (inf.: croire)	believe me
la fondue bourguignonne	beef fondue
la noix	walnut
en plus	what's more
la saison	season

tout ça arrosé d'un bon bourgogne	a good Burgundy goes with all that
arroser	to pour on
la soirée	evening
agréable	pleasant
important,-e	important
la gastronomie	cuisine
% = pour cent	percent
la vie	life
sans plus	but nothing more
s'intéresser à qch	to be interested in something
le plat	dish
13% aimeraient lors d'un bon repas manger de la langouste	for a good meal, 13% would like to have lobster
le homard	lobster
la paella	*a Spanish dish*
le méchoui	lamb kebob
un plat régional	local specialty
le gibier	game
apprécier	to appreciate, prize
le pays où l'on mange le mieux	the country with the best food
l'Espagne (f)	Spain
ceux, celles	those
le plus mal	the worst
la Grande-Bretagne	Great Britain
d'après un sondage	according to a survey
la vie familiale	family life
l'art (m)	art
chez soi	at home
le bistrot	local restaurant-bar
assister à	to attend
actuellement	at the present time
le phénomène	phenomenon
de plus en plus	more and more
en vase clos	in privacy
l'ambiance (f)	ambiance, atmosphere
pas si facile	not so easy
de nos jours	nowadays
car	for
le métier	occupation
s'ajouter	to be added to
la rusticité	country simplicity
la simplicité	simplicity
le plat unique	one-dish meal
l'extrait (m)	extract

C

qu'est-ce qu'il y a au menu?	what's on the menu?
tendre	tender
une viande reposée	aged meat

un solide appétit	hearty appetite
le frigidaire	refrigerator
jusqu'au moment du repas	until the meal begins
jusque	until
sortir	to take out
faire chauffer	to heat
l'huile (f)	oil
merci du conseil	thanks for the advice

E

l'aliment (m)	food
l'artichaut (m)	artichoke
le melon	melon
la poire	pear
la soupe	soup
la moule	mussel
le safran	saffron
l'oignon (m)	onion
la branche	branch
le thym [tɛ̃]	thyme
la moitié	half
la feuille	leaf
le laurier	bay laurel
la pointe	dash
le couteau	knife
le sel	salt
le poivre	pepper
le céleri	celery
le brin	sprig
le cerfeuil [sɛrfœj]	chervil

Leçon 18   On attend des invités

A

la réplique	reply, answer
le bruit	noise
la télévision	television
idiot,-e	idiotic
et quoi encore?	and what else?
pas question	out of the question
le bal	ball
exprimer	to express
l'accord (m)	agreement
le désaccord	disagreement

B

le/la correspondant,-e	penpal
les parents	parents
la foire	show, fair
l'exposition (f)	exhibit, commercial fair
en fin de matinée	in late morning
on fait un tour	we look around
dans ce monde	in that crowd
je t'en prie	please

le calme	calm
avoir envie de	to want to
qu'est-ce que tu veux faire d'autre?	what else do you want to do?
la météo	weather report
le volcan	volcano
l'église (f) romane	Romanesque church
le pique-nique	picnic
faire du bien	to do good
le grand air	fresh air
adorer qch	to adore something
je veux bien	it's fine with me

C

être en train de faire qch	to be [in the process of] doing something
de temps en temps	now and then, from time to time
respirer	to breathe
qu'est-ce qu'il y a?	what's happening?
le/la Tunisien, -ne	Tunisian
on l'aime bien	we do like him
passer	to take [an exam]
tu n'y penses pas!	you're not serious!
avec Sigrid, encore, je veux bien	well, may be with Sigrid

E

le repos	rest
la détente	relaxation
la montagne	mountain[s]
le logement	accomodations
la période	time period
la réponse	answer
la date	date
la formule de politesse	closing
remercier qn	to thank someone
bonjour à	hello, greetings to
donner de ses nouvelles	to let someone hear from you
la nouvelle	news
amitiés	all the best
l'amitié (f)	friendship
le baiser	kiss
embrasser	to kiss
Je vous prie d'agréer l'expression de mes sentiments distingués	Yours sincerely

Leçon 19   Bon anniversaire!

A

réussir à un examen [ɛgzamɛ̃]	to pass an exam

le cadeau	gift
fêter	to celebrate
faire cadeau de qch	to give something as a gift

B

c'est bien l'anniversaire de P.?	is it P's birthday or not?
probablement	probably
la raquette (de tennis)	[tennis] racket
le genre	kind, sort
le dernier paru	the most recent
sans doute	probably
échanger	to exchange
le ticket	receipt

C

pas du tout	not at all
tu vas bien voir	you'll see
j'aimerais bien une raquette	I would like a racket
après tout	after all
bien sûr	of course

E

le général	general
voler qch	to steal something
le bouquet	bouquet
le chapeau	hat
le cheval, les chevaux	horse[s]
le dictionnaire	dictionary
le/la voisin,-e	neighbor
la femme de ménage	cleaning lady
le/la concierge	concierge

Leçon 20   La pluie et le beau temps

A

la pluie	rain
il gèle (inf.: geler)	it's freezing
la pierre	stone
fendre	to split
semer	to sow
le vent	wind
récolter	to harvest
la tempête	storm
tonner	to thunder
il pleut (inf.: pleuvoir)	it's raining
la corde	rope
l'hirondelle (f)	swallow
le printemps	spring

B

l'émission (f)	broadcast
le débat	debate

le(s) dessin(s) animé(s)	cartoons
la pièce de théâtre	play
l'émission (f) musicale	music program
le jeu	game
il vous arrive de ...?	do you ever ...?
voudriez-vous avoir ...?	would you like to have ...?
le magnétoscope	video cassette recorder
l'infirmière (f)	nurse
bavarder	to chat
neiger	to snow
sans arrêt	ceaselessly
ça glisse	it's slippery
glisser	to slip, slide
la fracture	fracture
il ne fait pas trop froid	it's not very cold
avoir froid	to be cold
au contraire	on the contrary
j'ai toujours trop chaud	I'm always too warm
se rappeler	to remember
être de garde	to be on duty
figure-toi	imagine
tentant,-e	tempting
je n'ai rien contre	I have nothing against it
ça vaut la peine	it's worth it
au prix que ça coûte	for what they cost
enregistrer	to record
tardif,-ve	late, on late
la cassette	cassette
le programme	program
le gadget [gadʒɛt]	gadget
2 Français sur 3	2 out of 3 French people
en tout	for a total of
le/la spectateur/-trice	viewer
il faudrait (inf.: falloir)	it would take
le succès	success
ininterrompu,-e	uninterrupted
la salle	[movie] theater
parisien,-ne	Parisian
devrait (inf: devoir)	would have to
tourner	*here:* run
atteindre	to reach
le public	audience

C

un froid de canard	freezing cold
le canard	duck
le verglas	icy surface
prendre froid	to get a chill
volontiers	sure, willingly
il fait bon	it feels good
réussi,-e	good, came out well
montrer	to show
l'été (m)	summer
réchauffer	to warm up
satisfait,-e	satisfied

fixe	inflexible	le/la retraité,-e	retiree
la caravane	travel trailer	divers	other
il n'en est pas question	it's out of the question		
se traîner	to drag along	**E**	
entassé,-e	piled up	le bulletin météorologique	weather report
H.L.M. = habitation à loyer modéré	*public housing*	le symbole [sɛ̃bɔl]	symbol
à l'horizontale	horizontal	la prévision	forecast
le week-end	weekend	hivernal,-e	wintery
le garage	garage	clair,-e	clear
l'hiver (m)	winter	nuageux,-se	cloudy
l'essence (f)	gasoline	faible	weak
supplémentaire	added on	modéré,-e	moderate
la location	rental	fort,-e	strong
avoir tort	to be wrong	la neige	snow
la catégorie	category	l'avalanche (f)	avalanche
socio-professionnel,-le	social-professional	l'averse (f)	shower
l'acheteur,-euse	buyer		
le cadre moyen	middle management	la giboulée	sudden shower [with hail]
le/la commerçant,-e	merchant		
		la température	temperature
le cadre supérieur	upper management	en hausse	rising
		en baisse	falling
		estival,-e	summery
		rêver	to dream

Vocabulary Index

The words in bold print belong to the basic vocabulary of «Le Niveau Seuil».

Grammar reference notes

Lesson 1

Les pronoms sujets et l'accord du verbe [→ L3]

In French the verb varies according to the subject.

Je and *ce* become *j'* and *c'* before a verb which begins with a vowel.

être	je	Je **suis** Madame Dupuy.	I am Mrs. Dupuy.
	tu	Tu **es** Pierre.	You are Pierre.
	ce	C'**est** ça.	That's right.
	vous	Vous **êtes** Madame Dupuy?	You're Mrs. Dupuy?
s'appeler	je	Je **m'appelle** Vilard.	My name is Vilard.
	tu	Tu **t'appelles** Jacqueline?	Is your name Jacqueline?
	il/elle	Elle **s'appelle** Françoise.	Her name is Françoise.
	vous	Vous **vous appelez** Vilard?	Is your name Vilard?

Tu, the familiar form of *you,* is used to address family members, good friends, fellow students, and, sometimes, colleagues. It is always singular.

Vous, the formal *you,* is used to address everyone else and serves as the plural for *tu.*

Les pronoms disjoints [→ L6]

Use the stressed pronouns after *c'est.*

c'est **moi**
c'est **toi**
c'est **lui**
c'est **elle**
c'est **vous**

Les adjectifs possessifs [→ L6]

In Lesson 1 you learn two possessive adjectives. Others will come later.

Ton nom, s'il te plaît?	*Your* name, please?
Comment s'écrit **votre** nom?	How's *your* name spelled?

L'adverbe interrogatif

Comment ... ? = how/what

Vous vous appelez **comment**?	*What*'s your name?
Comment s'écrit votre nom?	*How*'s your name spelled?

Lesson 2

La négation [→ L4]

The negative is expressed by placing *ne...pas* around the verb.

C'est le 05-06-14.	This is 0-5-0-6-1-4.
Ce **n'**est **pas** le 05-06-14.	This isn't 0-5-0-6-1-4.

«aller» [→ L11]

The verb *aller* is used to say how you're feeling.

je	Je **vais** très bien.	I am (feeling) fine.
tu	Comment **vas**-tu?	How are you?
ça	Ça **va**.	(I'm) all right.
il	Il **va** très bien.	He's fine.
elle	Elle **va** bien.	She's fine.
vous	Comment **allez**-vous?	How are you?

Le pronom démonstratif neutre

Before the verb *être* use the demonstrative pronoun *ce;* use *cela* or its abbreviated form *ça* before all other verbs or as an object pronoun.

C'est ça.	That's it./That's right.
Ça va.	That's O.K./I'm all right.

Lesson 3

Le verbe irrégulier «être»

You now know all the forms of this verb:

je	je suis	
tu	tu es	
il	Il **est** américain.	He is American.
elle	Elle **est** espagnole.	She is Spanish.
nous	Nous **sommes** canadiennes.	We are Canadian.
vous	vous êtes	
ils	Ils **sont** allemands.	They are German.
elles	Elles **sont** françaises.	They are French.

Les pronoms sujets

Notice the two subject pronouns *ils* and *elles*: *ils* is for masculine or mixed pairs or groups; *elles* is for feminine pairs or groups.

Le verbe irrégulier «faire»

je	Je **fais** une excursion.	I take a trip.
tu	Qu'est-ce que tu **fais**?	What do you do?
il/elle	Qu'est-ce qu'elle **fait**?	What does she do?
nous	Nous **faisons** une excursion.	We take a trip.
vous	Qu'est-ce que vous **faites**?	What do you do?
ils/elles	Qu'est-ce qu'ils **font**?	What do they do?

Les verbes réguliers en -er

The verbs *travailler* and *parler* are *regular* verbs. Most other verbs ending *-er* have the same endings (*aller* is the common exception). The *stem* of a regular verb usually does not change, but the *ending* changes according to the subject.

je	Je **travaille** chez Renault.	I work at Renault.
tu	Tu **travailles**?	Do you work?
il/elle	Il **travaille** bien.	He works well.
nous	Nous **travaillons** en France.	We work in France.
vous	Vous **travaillez** à Paris.	You work in Paris.
ils/elles	Elles **travaillent** là.	They work there.

Les prépositions «à» et «en» [→ L4, 8]

Use the preposition *à* with cities: **à** Paris
Use the preposition *en* with most countries ending *-e*: **en** France

Les adjectifs

Adjectives agree in gender and number with the person or thing they describe:

Je suis **américain**.   masculine singular
Elle est **française**.   feminine singular
Ils sont **autrichiens**.   masculine plural
Vous êtes **japonaises**.   feminine plural

Generally speaking, add *e* to make an adjective feminine.
Add *s* to make an adjective plural.

Adjectives that end in *e* in the masculine do not add *e* to make the feminine:

Jacques est **belge**; Marie est **belge**.
Ils sont **russes**; elles sont **russes**.

Adjectives ending *-ien* double the *n* in the feminine:

Il est canad**ien**; elle est canad**ienne**.
Ils sont autrich**iens**; elles sont autrich**iennes**.

Adjectives ending *-er* change to *-ère* in the feminine:

Bob est **étranger**; Mireille est **étrangère**.
Ils sont **étrangers**; elles sont **étrangères**.

Remember that *nous* can represent pairs or groups of the same or mixed sex, but *nous* is always plural. *Vous* can be singular or plural, masculine, feminine, or mixed.

Nous sommes **américains**.   Nous sommes **américaines**.

Vous êtes **allemand**.   Vous êtes **allemande**.
Vous êtes **allemands**.   Vous êtes **allemandes**.

Les langues

Language names are the same as masculine singular adjectives.
Neither is capitalized.

Je parle **allemand**.
Elle parle **français**.
Nous parlons bien **espagnol**.
Ils parlent **russe**.
Vous parlez **anglais**.
Il parle **japonais**.

Answers to the questions in «Retenez bien»

1. 1. The feminine singular always ends in *e*; the feminine plural always ends in *es*.

   2. If the masculine form does not end in *-e*, the final consonant is usually silent. That is the case with *français, anglais, japonais, allemand, américain, italien, autrichien*. As in *espagnol*, a final *l* is usually pronounced. All the feminine forms end with a consonant sound.

   3. All these plural adjectives end with an *s* which remains silent.

2. je parle
   tu parles
   il/elle parle
   ils/elles parlent   = [parl]

Lesson 4

La négation

As you learned in Lesson 2, any verb may be made negative with *ne...pas*. Don't forget to contract *ne* to *n'* if it precedes a vowel.

> Tu **n'es pas** en France.
> Je **ne** travaille **pas** aujourd'hui.
> Vous **ne** parlez **pas** français?

If you answer a negative question positively, use *si* instead of *oui*.

> Vous ne parlez pas français? – Mais **si**!
> Monsieur Albertoni ne travaille pas là? – Ah **si**, il est là.

«où»

The interrogative expressions *où* (where) and *d'où* (from where) may be placed at the end or at the beginning of the question. The end position is more conversational.

If *D'où* comes at the beginning of the sentence, it is followed with the interrogative phrase *est-ce que*. [→ L6]

D'où est-ce que vous êtes?	Where are you from?
Ils sont **d'où**?	Where are they from?

Prépositions

Use the preposition *de* to say what town one is from. [→ L9]

Vous êtes **de** Nice.	You're from Nice.
Nous sommes **de** Paris.	We're from Paris.

To say *to* or *in*, use the preposition *en* with countries or areas ending with *-e*. [→ L8]

> Elle habite **en** Bretagne.
> Nous habitons **en** Autriche.

Use the preposition *à* with cities. The preposition is optional with the verb *habiter*:

> Vous habitez **à** Lille?
> J'habite Chinon.

Answers to the questions in «Retenez bien»

2. Remember that *ne* precedes the verb and *pas* follows the verb.

3. The verbs *parler, travailler, regarder* and *habiter* are regular.
   The end changes for each subject are presented in lesson 3.

Appeler, as we saw in Lesson 1, has stem changes for the forms with a silent ending:

je m'app**elle**
tu t'app**elles**
elle s'app**elle**
ils s'app**ellent**

Lesson 5

L'article indéfini

The indefinite article defines something or indicates the quantity *one* of something (the singular) or *some* (the plural):

un   masculine singular
une feminine singular
des masculine or feminine plural

Voilà **un** beau village!	There's *a* beautiful village!
C'est **une** belle ville.	This is *a* beautiful city.
Il veut **un** petit rouge.	He wants *a* small (glass of) red wine.
Je cherche **des** cartes.	I'm looking for *(some)* cards.
Ils veulent **des** livres.	They want *(some)* books.

Following a negative verb use *de* as the indefinite article of quantity. Before a vowel, *de* becomes *d'*:

Je ne veux **pas de** bière.	I don't want *(a, any)* beer.
Je ne voudrais **pas de** cartes.	I don't want *(any)* cards.
Vous ne voulez **pas d'**eau minérale.	You don't want *(any)* mineral water.

Notice that in English the indefinite article is often optional. In French it must usually always be stated.

But never use *de* as the indefinite article of definition (following the verb *être*):

Ce n'est pas **une** belle maison.	It's not *a* beautiful house.
Ce n'est pas **un** château.	It's not *a* castle.
Ce ne sont pas **des** restaurants chers.	Those aren't expensive restaurants.

Le pronom interrogatif «qu'est-ce que»

Use the question form *Qu'est-ce que* when "what" is the direct object:

Qu'est-ce que tu fais là?	*What* are you doing there?
Qu'est-ce qu'il veut?	*What* does he want?
Qu'est-ce que ça veut dire?	*What* does that mean?

Le verbe irrégulier «connaître»

tu	Tu **connais** le restaurant?	Are you familiar with the restaurant?
il	Il **connaît** des restaurants chers.	He knows some expensive restaurants.
vous	Vous **connaissez**?	Are you familiar (with it)?

Le verbe irrégulier «vouloir»

je	Je **veux** une eau minérale.	I want a (glass of) mineral water.
tu	Qu'est-ce que tu **veux**?	What do you want?
elle	Elle **veut** un livre.	She wants a book.
vous	Vous **voulez** un café?	Do you want a (cup of) coffee?
ils	Ils **veulent** une bière.	They want a beer.

Grammar reference notes

La place de l'adjectif

The placement of the adjective before or after a noun varies according to the type of adjective.
Some common adjectives of age, size, goodness, and beauty precede the noun:

C'est une **belle** ville.	This is a *beautiful* city.
Voilà un **petit** garçon.	There's a *little* boy.

Normally, descriptive adjectives follow the noun:

Voilà des cartes **postales**.	There are some *post* cards.
Il veut un pantalon **cher**.	He wants *expensive* slacks.
C'est une jupe **blanche**.	This is a *white* skirt.

Les formes des adjectifs

Learn the forms of these common regular and irregular adjectives:

masc. sing.	*masc. plu.*	*fem. sing.*	*fem. plu.*
beau	beaux	belle	belles
beige	beiges	beige	beiges
blanc	blancs	blanche	blanches
bon	bons	bonne	bonnes
bleu	bleus	bleue	bleues
cher	chers	chère	chères
jaune	jaunes	jaune	jaunes
jeune	jeunes	jeune	jeunes
marron	marron	marron	marron
noir	noirs	noire	noires
petit	petits	petite	petites
rose	roses	rose	roses
rouge	rouges	rouge	rouges

Notice that *marron* is invariable.

Answers to the questions in «Retenez bien»

1. Remember that *grand/e, petit/e, bon/ne,* and *beau/belle* are among the adjectives that are exceptions to the general rule that descriptive adjectives follow the noun.

   Unlike English, color adjectives, like most all adjectives in French, follow the noun.

   These adjectives have the same pronunciation in the masculine and the feminine: *chère/cher, noire/noir, bleue/bleu.*

Lesson 6

Les questions

Most questions can be asked in more than one way. You may use normal subject-verb word order, placing the question word, if any, at the end. Rising intonation indicates a question. This style is frequent in casual conversation:

C'est qui?	Who is that?
Tu connais le mari de Catherine?	Do you know Catherine's husband?
La maison est à toi?	The house is yours?